Audrey Hepburn

Eternal Words 120

オードリー・ヘプバーン 永遠の言葉120

はじめに

1953年、映画『ローマの休日』が公開されて、その主人公アン王女を演じ、一躍世界中を虜にした女優オードリー・ヘプバーン。彼女は、ただの女優という肩書きだけでなく、ファッションアイコンとして、のちによき妻、よき母親として、また晩年には、ユニセフ親善大使として世界中の子どもたちを支援し、63歳で亡くなるまでその生涯をまっとうしました。

第二次世界大戦のナチス占領下で過酷な日々を生き抜き、バレリーナになる夢からいつしか女優への道に進み、ハリウッド女優として観客に夢と希望を与え、私生活では二度の離婚と五度の流産に見舞われました。

数々の苦悩や絶望を負ったとしても、人々が想像する〝オードリー〟のイメージを崩さぬよう、いつも笑顔を絶やさず、物事に真剣に愛をもって取り組み、周りへの感謝の心を貫きます。「人生にはいいときも悪いときもある」という言葉があるように、はたから見たら大きな成功を収めたオードリーもまた、その時々に一人の人間として、もがいていたことでしょう。

しかし、強靭な精神力で常に前を向いて進んでいく、オードリーのそのタフな生き方は、現代の私たちにとって自己啓発につながります。

後年オードリーは「私はラッキーでした」と語るように、本人の並々ならぬ努力ももちろんありますが、巡ってきたチャンスを摑《つか》みとる勇気と、そのチャンスを10倍の価値に変換する創造性を、もち合わせていました。

さらに、どんな人に対しても思いやりを示し、媚《こ》びない気品があり、周りを尊敬して、いつも謙虚な姿勢で等身大の自分でいることを心がけていました。これらのエピソードは、実際にオードリーのことを知る友人や仕事仲間たちが後年語っています。

どんなことも寛大な心で受け止め、常に愛を与え続けたオードリーの生き方は、人生を楽しむヒントが溢れています。オードリーが残した数々の言葉は、私たちの未来にとって、かけがえのない宝物になることでしょう。

2023年1月末　編集部

1959年、写真家インゲ・モラス撮影。

オードリー・ヘプバーン 永遠の言葉120
目次

第一章 愛の言葉

第二章　ファッションの言葉

第三章　挑戦の言葉

第四章 仕事の言葉

第五章　家族の言葉

第六章　美の言葉

第七章 人生の言葉

第八章　平和の言葉

第一章
愛の言葉

万人に向けられた優しさ

すべての始まりは優しさからだと、
私は強く感じています。
もし誰もがそんなふうに生きたら、
世界はどんなに違った姿になるでしょう。

スター女優だったオードリーは、決してその地位に甘んじることなく、家庭でも仕事の現場でも常に周囲の人への配慮を欠かしませんでした。

オードリーが世界的に知られるきっかけとなった作品『ローマの休日』では、ウィリアム・ワイラー監督の娘ジュディ・ワイラーも、トレヴィの泉の前にいる少女たちのうちの一人として出演していました。暑い盛りのローマの撮影現場では、多くの大人たちが忙しく働いていました。まだ幼かった頃の経験を回想して、ジュディは次のように証言しています。「（オードリーは）こんな子どもの私にも気遣ってくれたのよ。みんな仕事のことばかりに夢中なのに。彼女だけは私の目を見て、きちんとお話ししてくれたの」

その後、オードリーがスター女優になっても、彼女の他人に対する心配りは決して変わりませんでした。どんな場面でも、愛に溢れた優しい人柄だったというのは仲間の間では有名な話です。

行動こそが実を結ぶ

愛は行動なのよ、言葉だけではだめなの。
言葉だけで済んだことなど
一度だってありませんでした。
私たちには生まれたときから
愛する力が備わっています。
それでも筋肉と同じで、その力は
鍛えなければ衰えていってしまうのです。

「言葉だけでなく、行動を」と呼びかけるこの言葉からは、オードリーの博愛の心がひしひしと伝わってきます。キャリアの晩年、映画の出演ではなく、ユニセフの活動に身を投じたことからも、オードリーの愛は周囲の人間たちだけでなく、世界中の恵まれない子どもたちにも同じように向けられていたことが見てとれるようです。

オードリーはまた、次のように語っています。

「一人の子どもを救うのは神のご加護です。100万人の子どもたちを救うのは、ユニセフを通じて神がお与えになったチャンスなのです」

一人の子どもの命が偶然にも救われることはあるかもしれません。しかし、100万人の子どもたちを救うには偶然では不可能です。多くの人間たちが、それぞれアクションを起こさなければなりません。「言葉だけでなく、行動を」とはまさに、オードリーの愛の哲学であるといえるでしょう。

3

愛の言葉

一途にひたすら愛すること

傷ついただけよ。
男も人間だから女と同じように弱さがあります。
女より弱いかもしれません。
男を傷つけるのは簡単かもしれません。
非難してはだめだし、
型にはめようとしてもだめです。
愛せる相手を見つけただけでも幸運なのです。
愛されれば、もっと幸運ね。

第一章

愛の言葉

二番目の夫であるアンドレア・ドッティとの結婚生活を振り返ったときのオードリーの言葉です。

最初の夫で俳優・映画監督でもあったメル・ファーラーとの離婚後、傷心のオードリーを癒やしたのが、精神科医のアンドレアでした。伯爵家に生まれたアンドレアはプレイボーイとしても知られており、その素行から共通の友人ばかりか、ドッティ家の親族たちからも、二人の結婚を反対されます。それでもオードリーは、アンドレアを一人の男性として愛し続けました。再婚後、次男のルカ・ドッティが生まれても、アンドレアの浮気性は改まりませんでしたが、オードリーは決して、人前でアンドレアを悪く言うことはありませんでした。オードリーの最後のパートナーであるロバート・ウォルダースも「彼女がアンドレアの悪口を言うのは一度も聞いたことがなかった」と後年語っています。

愛情を失うことの不安

愛情に怯えたりはしません。
でも、愛情が失われることには怯えています。

1929年5月4日、アイルランド人で投機家だった父ジョセフ、オランダのファン・ヘームストラ男爵家の三女である母エッラとの間に、オードリーはベルギーのブリュッセルで生まれました。再婚のエッラには前夫との間に二人の息子がおり、オードリーにとっては異父兄にあたります。

両親の不和は収まらず、オードリーが6歳のときにとうとう父ジョセフは家を出てしまいます。大好きだった父の存在と愛情が失われたショックは、幼い少女の心に大きな影を落とすことになります。また第二次世界大戦中、ナチス占領下のオランダで過ごしたオードリーは、懐いていた母方の叔父オットーの逮捕と処刑、異父兄イアンの逮捕とベルリンの強制労働所送りを経験しています。

幼少期の両親の不和や過酷な戦争体験が、いつか愛が奪われるのではないかという恐れとなって、生涯オードリーを苦しめました。

愛する人のために生きる

お茶をいれてあげる人もいなくて、
誰もあなたのことを必要としなくなったとき、
人生は終わりだと思います。

女優として世界的な名声と成功を手にしたオードリーにとって、いちばんに優先すべきは愛する人と一緒に過ごすこと、家族と一緒に過ごすことでした。アンドレア・ドッティとの再婚後、オードリーは夫と二人の息子のために、女優業を休止し、主婦として家庭に専念することを選びます。その際、専業主婦としての生活について、オードリーは次のように述べています。

「私が家族のために大きな犠牲を払ってキャリアを諦めたと考える人たちもいますが、そうではありません。専業主婦がつまらないと思われているなんて悲しい。アパートを買って家具を調えて〃はい、終わり〃というわけにはいかないでしょう」

「問題の多いこの世界で天国のような存在になりたい。夫や子どもを迎えるのが、小うるさい女性なんていやだもの」

彼女はまさに生涯をかけて、〃家族優先主義〃を貫き通したのです。

6

愛の言葉

愛されたい、そして愛したい

私は愛されたいという気持ちと
愛したいという気持ちをもって
この世に生まれてきました。

両親の不和、そして父親との別れは、愛情に対する渇望をオードリーに深く植えつけました。最初の夫メル・ファーラーや二番目の夫アンドレア・ドッティへの献身にもかかわらず、それぞれの家庭は終焉を迎えることとなります。また、メルとの間に長男ショーンを授かるまでに二度の流産を経験。その後、さらに二度の流産を繰り返し、再婚後に次男ルカが誕生したのちにもまた流産と、生涯で五回も流産を経験するという事態に見舞われました。後年、オードリーは「流産は両親の離婚と父の失踪も含めて何よりも辛い体験でした」と語っています。

彼女にとって、「自分が愛する人」を失うのではないかという不安と、「自分を愛してくれる人」が去ってしまうのではないかという不安は、人一倍大きかったのです。その恐れと不安が大きい分、オードリーの愛情はずっと大きく、深いものとなりました。

愛を探し求める人生

人は皆、愛されたいと思っているんじゃない？
誰もが愛を見つける方法を探しています。
人生のあらゆる場面で、
常に愛情を求めているのです。

We all want to be loved, don't we?
Everyone looks for a way of finding love.
It's a constant search for affection in every walk of life.

オードリーは最初の夫であるメル・ファーラーを
公私ともに尊敬していました。

8

愛の言葉

生涯の伴侶

これは素晴らしい友情です。
私たちはお互いが好きなのです。
彼の愛を信じていますから、
それを失う心配はしません。
彼も心配するなと言ってくれます。

オードリーの最後のパートナーとなった、俳優ロバート・ウォルダースとの関係について語った言葉です。彼女の親友コニー・ウォルドが開いた食事会で、二人は初めて出会いました。当時、オードリーはアンドレア・ドッティとの結婚生活に悩み、またウォルダースも、妻のマール・オベロン（女優）を2カ月前に亡くしたばかりでした。「彼はマールの死を乗り越えようとしていて、私も人生最悪のときでひどく落ち込んでいました。私たちはビールを飲みながら泣いたのよ」と、後年オードリーが語るように、二人はお互いを労《いた》わりながら次第に惹かれていったのです。

またオランダ出身のウォルダースは、偶然にも戦時中にオードリーが過ごしたアルンヘム近郊の農村で戦時下の生活を送っていました。同じような境遇を経験した二人は、やがてパートナーとして献身的に支え合うようになりました。

愛する息子たちへ

あなたたちは私がつくり出した
2つの最高の創造物よ。

晩年、ユニセフの活動を続けるなかで、病魔に蝕《むしば》まれたオードリーは、それでもなお、周囲の人々が悲しまないように配慮し続けていました。悲しむ家族たちを時には勇気づけるように、気丈に振る舞ったのです。オードリーは二人の息子ショーンとルカに、「あなたたちは最高の創造物よ」と、とびきりの愛情を込めて語りました。そして、家族で過ごした最後のクリスマスには、アメリカの作家サム・レヴェンソンの詩集『時の試練を経た人生の知恵』から、息子たちに次のような言葉を贈りました。

「年を取ると、自分には二つの手があるということがわかるはず。ひとつは自分自身を助ける手、もうひとつは他人を助ける手です」

後年、オードリーの息子たちは、〝ハリウッド児童基金〟を立ち上げ、彼女の愛に溢れる意思を引き継いだのでした。

愛する人への献身

メルと結婚したとき、私は決めたのです。
例えば3カ月仕事をしたら、
次の3カ月は既婚女性らしく、
よき妻として過ごそうと。

最初の結婚の前に一度婚約をしていたオードリーは、円満に婚約解消をしています。相手は女優という仕事に理解を示しましたが、「結婚するときは本物の奥さんになりたい」「仕事にも恋しているのに結婚するのはアンフェアよ」と、オードリーは理想の結婚像をもっていました。

その後、俳優で映画監督のメル・ファーラーと出会い、恋に落ちた二人は、1954年9月に結婚。「私にとって、持ったことのない父親の役を果たしてくれました」と語るように、12歳年上のメルは、頼もしく安心できる存在だったといえます。

仕事よりも夫婦生活を優先しようと、1年に2本以上の映画には出演しないように心がけ、たとえ仕事で家を空けたときでも、メルと頻繁に国際電話で連絡を取り合いました。それほどまでにオードリーは、愛する人との結婚生活を守ろうと努力を重ねたのです。

11

愛しみ合い、育み合う

男女が愛し合う。
それはまず、
いつも理解し合うことから
成立するものだと思います。

最初の夫で12歳年上のメル・ファーラーは、オードリーにとって父親のような存在であると同時に、俳優として映画や舞台の世界に身を置く同業者でした。そのため、常にオードリーは夫のメルを立てていました。二人目の夫である精神科医のアンドレア・ドッティに対しても、オードリーは女優業を休業し、夫と子どものために専業主婦であることに徹しました。そして、最後のパートナーであるロバート・ウォルダースとは、結婚にこだわることなく、一緒の時間を共有する「魂の伴侶《ソウルメイト》」としての関係を続けました。それがお互いにとって、その時々の最善の選択であり、深い理解の上で行われたことだったのでしょう。オードリーには、男性は女性以上に弱く、傷つきやすい存在なのだという男性観があったのではないかと思います(P16)。愛する異性に対する彼女の献身の深さがうかがえます。

12

愛の言葉

安心できるパートナーの存在

私たちは同じような生活が好きなのよ。
田舎暮らしも犬も好きだし、旅も一緒にします。
彼と一緒なら何をしても楽しいのです。

二度の離婚を経験したオードリーは、ロバート・ウォルダースと出会い、初めて心から安らげる生活を手に入れることができました。オードリーとウォルダースは、籍を入れずにパートナーという関係を選択しました。なぜ結婚しないのかという記者たちの質問に、「メルとの結婚、アンドレアとの結婚が不幸だったことは誰もが知っている。その質問はたった今、電気椅子から逃げ出してきたばかりの人間に、もう一度そこへ戻れと言うに等しい」とウォルダースは語り、オードリーを気遣いました。

オードリーの二度目の来日にはウォルダースも随行し、取材の際には「僕はここに居ていいのかい？」と気遣うウォルダースに対して、オードリーは「もちろんよ、居てほしいわ」と答えるなど、お互いを優しく気遣う、仲睦まじさがうかがえました。

13

愛の言葉

子どもへの無償の愛

私はずっと、たぶん生まれつき、
人々、とくに子どもたちに対して、
とても大きな愛情をもっていました。
小さいときから子どもが大好きでした。

「記憶にある限りの最も早い時期から、私が何よりもほしかったのは赤ちゃんでした」と語るように、オードリーの子どもに対する愛情は人一倍大きなものでした。生涯で幾度もの流産を経験したことは、さらに彼女の子どもへの愛しみを大きくさせたことでしょう。「もしも赤ちゃんが生まれたら、それは私の人生でいちばん素晴らしいものになるでしょう」とも語っていました。時には市場で見かけた他人の赤ちゃんがあまりにかわいく、乳母車から勝手に抱き上げようとしたこともあったそうです。

また、ナチス占領下のオランダ、アルンヘムでのレジスタンス活動においては、当時10代半ばのオードリーは医師を手伝い、傷つき、親を亡くした子どもたちの手当てなどもしていました。そのとき、オードリーに抱きしめられた少年は後年、彼女の慈愛に満ちた表情が忘れられないと語っています。

14

愛の言葉

惜しみなく愛を与える

愛情に飢えすぎると、
愛されることに感謝し、愛を与えたくなります。

アカデミー主演女優賞をはじめ、多くの賞に輝き、そのファッションスタイルに多くの人々が魅せられ、かつて『ヴォーグ』誌が「世界の恋人」と評し、世界で最も愛された女優・オードリー。しかし、幼い頃の両親の離婚や二度にわたる自らの離婚を経験した彼女にとって、その人生は、「真実の愛」「永遠の愛」を探し求める一生だったともいえます。

オードリーの孫で芸術家のエマ・ファーラーは、「祖母はただ愛されたかっただけ。本当に愛してくれる人は数少ない。世界一愛された人が愛に飢えていた人生だなんて、悲しい」と語っています。

オードリーには逆境をバネにして、それを好転させてしまうような力が溢れていました。愛に飢えると、逆に与えたくなる。もしかしたら、それがオードリーの強さであり、彼女の深い愛情の根源なのかもしれません。

15

愛の言葉

苦しみを愛情へ変換

人生で成し遂げたいちばん重要なことは、
苦しみをあとから助けにできたこと。
そして、無条件に愛せたことです。

Perhaps the most important thing which I've carried through life is that whatever I've suffered has helped me later on. And when I love, I love unconditionally.

第二章 ファッションの言葉

16

真珠のように末長く

男性があなたのことを
本当に想っているのかは、
彼があなたに贈るイヤリングで、
いつもわかるものです。

女優のレスリー・キャロンが、「彼女には宝石を身につけないというオリジナリティがありました」と語るように、オードリーはプライベートではほとんどジュエリーの類いを身につけない女性でした。「宝石は似合わないし……私が毛皮を着て宝石をつけたら、それこそ手回しオルガンに描かれた絵の人物みたいよ」とオードリー自身が述べるように、それは彼女のコンプレックスから来るオリジナリティだったのかもしれません。

唯一の例外は、真珠《パール》でした。メル・ファーラーから贈られた真珠のネックレスと、それに合うような真珠のイヤリングを愛用していました。真珠は温かみがあり、長く使えるアイテムのひとつ。そのような贈り物をしてくれる男性は、〝真珠のように長くあなたを大切にしてくれる〟――そんなふうにオードリーは語っているのかもしれません。

17

ジバンシィとの出会い

彼の服を着るときだけ、
私は自分自身になれます。

オードリーの映画衣装を数多く手がけたユベール・ド・ジバンシィ。生涯の親友となった二人の出会いは今や伝説的です。

「〝ミス・ヘプバーン〟が新作映画のための衣装を選びにやってくる」と聞いて、ジバンシィは女優のキャサリン・ヘプバーンが来ると思い込んでいました。しかし現れたのは、新人女優のオードリー・ヘプバーン……。がっかりしたジバンシィは、「コレクションの中から好きなものを選ぶように」とオードリーに伝えると、彼女は自分の長所と欠点に合った服を見事に選んだのです。

オードリーにとって、痩せすぎて背が高すぎる自分の体形はコンプレックスでしたが、ジバンシィのミニマムでシンプルな裁断のコートやドレスを纏《まと》うと、「服に守られている気がする」と語っています。ジバンシィの服を着るとき、魔法がかかり、彼女は自分の体形を肯定できたのでしょう。

磨かれたセンス

映画界入りしていなかったら
モードの世界にいたでしょう。

『ローマの休日』の衣装合わせでは、オードリーは衣装デザイナーのイーディス・ヘッドに対し、臆することなく自らの意見を伝えました。「王女にあのデコルテは似合わないと思うわ、イーディス！」と、無邪気でかわいらしい少女のようなオードリーが、鋭いナイフのように問題の核心を突いたことを、イーディスはのちに回想しています。

ファッションに対して相当な関心をもっていたオードリーは、お金のない若い頃でも、工夫して服を着こなしていました。ロンドンでダンサーとしてレッスンに励んでいた頃の仲間が証言しています。「スカートを1枚、ブラウスを1枚、靴を1足、ベレー帽を1つしか持っていませんでしたが、スカーフは14枚も持っていました。（中略）彼女には着こなしの才能、センスがありました」。オードリーのファッションセンスの高さがうかがえます。

19

シンプルの追求

彼のシンプルなスタイルは、
まさに私のほしがっているものです。

ジバンシィがオードリーのために生み出した服は、ミニマリズムの極致であり、デコラティブでないことが、オードリーの「シンプル・イズ・ザ・ベスト」という美意識と共通するものでした。

それは、まさにチープシックというモードの常識の原点ともいえるでしょう。ジバンシィのゆったりとした裁断の服は、オードリーがコンプレックスを抱いていた細身の骨張った体をカバーしてくれたのです。

「ジバンシィが大好き」「彼は一流ファッションハウスの作品で私が初めて着たドレスを作ってくれたのよ。私は彼を最高の、最も大切な友人の一人と思っています」とオードリーが語るように、ジバンシィは『麗しのサブリナ』で衣装を担当して以来、数多くの映画でオードリーの衣装を手掛けました。二人はほとんど運命共同体のような関係だったのです。

スタイルを貫き通す勇気

なんで変えなきゃいけないのでしょう?
みんなそれぞれのスタイルがあって、
それを見つけたらずっともち続けるべきです。

数々の名だたるファッションデザイナーたちの前でも、はっきりと自分の意見を貫くオードリーは、自分に何が似合い、何が似合わないのか、自身のスタイルをよく理解していました。

ラルフ・ローレンをして「彼女は、〝オードリー・ヘプバーン〟になれるスタイルをよくわかっている」と言わしめたほどです。ローレンにとって、オードリーは少年時代からの憧れの女性でした。

世界の庭園を巡り歩くドキュメンタリー番組『オードリー・ヘプバーンの庭園紀行』では、ラルフ・ローレンの服を着て出演しました。「夜はジバンシィを着るのが好きだけど、昼間はあなたのスポーティな衣装のほうがいいわ」とオードリーは語っています。

アメリカのCFDAファッションアワードの授賞式にオードリーと登壇した際には、ローレンは「子どもの頃から憧れていたプリンセスを手に入れたんだ！」と大はしゃぎするほどでした。

豪邸よりもクローゼット

大きなプール付きの家を
夢見る人もいるけれど、
私の場合は、大きなクローゼットです。

自分をよく知り、自分に合ったスタイルを明確にもっていたオードリーは、自らの魅力を引き出してくれるファッションデザイナーのアイテムに最大限の敬意を払っていました。ラグジュアリーブランドを買い漁るのではなく、愛用するアイテムを大切にして長く使っていたのです。

そのなかでも生涯、オードリーが愛用し続けたのは、ルイ・ヴィトンの「スピーディ25」、サルバトーレ・フェラガモの靴、そしてジバンシィの服でした。「やたら自分を気にする私に、衣装は自信を与えてくれたのよ」と語るように、オードリーにとってファッションはまさに自分が自分であるための大切な道具だったのです。

プール付きの豪邸に住むのではなく、大きいクローゼットが必要というのは、まさに永遠のファッションアイコンのオードリーらしい発言です。

22

引き寄せられた運命

ファッションとの出会いは
ジバンシィのドレスを初めて着たときです。
『麗しのサブリナ』の衣装でした。
仕立ての素晴らしさにすっかり魅了されました。
元々きれいなものや服は好きでしたから。

Fashion came into my life when I had my very,
very first haute couture dress made
by Hubert de Givenchy for a picture called *Sabrina*.
And I must say I wasn't disappointed.
The beauty of it was extraordinary and the way it was made.
And I've always had a love of pretty things, pretty clothes.

ジバンシィが作る服に惚れ込み、
絶大な信頼を寄せていたオードリー。

作品と衣装に向き合う

ファッションは間違いなく
私にとって夢中になれるものです。

オードリーは『戦争と平和』の撮影中、撮影地であるローマのチネチッタまでジバンシィを呼び寄せて、衣装の監修をお願いしました。プリーツやペチコートに至るまで、すべて納得できるまで手直しをしてもらうのにオードリーは3時間以上立ちっぱなしでも平気だったそうです。最終的には24着の衣装と10種類の髪形と格闘し、ヘアピン1本に至るまで、そのほとんどに自ら指示を出したといわれます。またオードリー自身も『戦争と平和』の舞台である、19世紀初頭のロシア貴族のファッションを文献で研究するほどの熱の入れようでした。

ファッションを愛し、そして並々ならぬこだわりをもっていたオードリー。ハリウッドの衣装担当が用意したものをただ着るのではなく、自ら考えて学び、意見を貫き通すことは、並の女優にはできない行動でしょう。

監督にも臆さない姿勢

だめ、
白いソックスではライン全体が崩れてしまうわ。

『パリの恋人』では、地下のバーでオードリーがダンスをするシーンがあります。オードリーの衣装は、黒のタートルネックに、黒のサブリナパンツ、黒のローファーでした。問題になったのは、ソックスの色です。オードリーはソックスも黒でいくという意見でした。しかし、監督のスタンリー・ドーネンは、「ソックスは絶対に白がいい」と主張。実際にやってみると、暗がりでのダンスシーンでは、白いソックスのおかげで踊っている脚が画面で映えたのです。これが黒だったら薄暗いバーの背景に埋没してしまったことでしょう。画面を想定する映画監督の視点が上回り、珍しく結果的にオードリーが折れて正解だったのです。しかし、それでも物怖じせずに自分の意見をはっきりと伝えるオードリーには、ファッションに対する並々ならぬこだわりがうかがえます。

25

ミューズとデザイナー

アメリカの女性が
心理カウンセラーに依存するように、
私はジバンシィに依存しています。

ミューズとデザイナーとして理想の関係を築いたオードリーとジバンシィ。その友情は、1953年の最初の出会いから、オードリーが亡くなる1993年まで生涯続きました。2歳年上のジバンシィをオードリーは兄のように慕い、ジバンシィもまたオードリーの支えとなったのです。

1983年の最初の来日の際にも、オードリーはジバンシィと舞台上で共演し、一緒に記者会見にも臨みました。その姿はまるで、人懐っこい妹が優しい兄に甘えているかのようでした。

ユニセフの活動でソマリアから戻ったのち、体調を崩したオードリーにがんが発覚。このときもジバンシィはオードリーに寄り添いました。彼女が故郷と呼ぶ自宅「ラ・ペジーブル」へと帰るため、ジバンシィはロサンゼルスからスイスまで自家用ジェットを手配したのです。「ユベール、魔法の絨毯をありがとう」と、オードリーは感謝の言葉を残しています。

26

永遠の流行を生み出す

私のルックはすぐに真似できるわ、
大きなサングラスと
ノースリーブドレスを着ればね。

『ティファニーで朝食を』で誰しもが思い浮かべるオードリーのスタイルは、大きなオリバーゴールドスミスのサングラスと、ノースリーブのブラックドレス。このドレスはジバンシィのデザインです。

それまで黒の服といえば、喪服かブラックフォーマルが主流でしたが、映画の中でオードリーが見事にブラックドレスを着こなしたことで、黒の服がタウンウェアとなりました。昼間のマンハッタンの通りをオードリー扮するホリー・ゴライトリーが歩く姿に、「黒色のドレスってこんなふうに着れるんだ！」とファッションの世界に新しい風が吹いたのです。のちに頭文字をとってＬＢＤと呼ばれることとなったリトルブラックドレスは、クローゼットに1着あれば、どんな場面にも使える優れもの。いかにオードリーのファッションが、シンプルシックを重視していたかがよくわかります。

効果的な赤の使い方

すべての女性それぞれに、似合う赤があるの。

公私にわたって、オードリーが赤いアイテムを身につけることはそれほど多くありません。しかし、特別なときに赤を着ることで新鮮で強烈な印象を与えています。映画の作中では『パリの恋人』での真っ赤なドレス、『シャレード』の赤いコートやシンプルなスーツが大変印象的です。また、1978年に『戦争と平和』の監督キング・ヴィダーがアカデミー名誉賞を受賞し、オードリーがプレゼンターを務めた際には、赤地に黒のドットが映えるベアトップドレスを纏いました。また、ジバンシィもオードリーの晩年に、赤い羽根のストールがついたドレスを彼女のためにデザイン。決して多くはありませんが、彼女が時々に着る赤は、シックなファッションを好んだオードリーだけに、非常に鮮烈でした。

すべての女性にはそれぞれに似合う赤がありますが、その使い方が重要といえるかもしれません。

28

全体のバランスが大事

鮮やかな色だと
私は負けてしまいます。
色あせて見えてしまうのです。
淡い色だと私の目が引き立ち、
髪の色も濃く見えるのです。

Tend to make my eyes and hair seem darker, whereas bright colors overpower me and wash me out.

第三章
挑戦の言葉

29

自ら決断する人生

問題を抱えているときは孤独を感じます。
決断するのは自分で、ほかの誰でもありません。
人は皆、孤独なのよ。
最後に頼れるのは自分だけです。

オードリーの激動の生涯を考えれば、彼女の口から語られる「孤独」の意味合いは、非常に重いものです。ダンサーとしての挫折、自分の容姿に対するコンプレックス、右も左もわからない女優の世界へと足を踏み入れることへの恐れ……、その時々でオードリーは自分と向き合い、冷静に自己を見つめて、自分で決断をしています。

彼女の盟友となったユベール・ド・ジバンシィは、ごく控えめに次のように語ります。「オードリーがどう見えるかはすべて彼女の責任でした。彼女がすべて自分で選んだ。私は彼女の手伝いをしただけです」。オードリーに最も愛されたデザイナーは、オードリー自らが自分自身を作っていったのだと語るのです。「決断するのは自分で、ほかの誰でもない」という彼女の生き方がよく表れている言葉といえるでしょう。

起こることのすべてを肯定

私はあまり多くを期待する人間ではないです。
だからかしら、私は私が知るなかで誰よりも
恨みつらみと無縁の人間よ。

「人生とは常に必然の連続なのだ」と、オードリーは自らに言い聞かせてきました。母エッラの教育は厳しく、「あなたは〃自分が何者かである〃だなんて思わないほうがいい」と言われて育ったのです。それが、オードリーに現実主義者としての自制心を植え付けたのかもしれません。

元夫のメル・ファーラーも「自分はオードリーの飾りにすぎない」と苦しんでいることを、オードリーはよく理解していました。「映画でも実生活でも、2番目に名前が書かれることがどれほど辛いことか、私にはわかっていました」と語っています。離婚後、オードリーはメルを恨むことなどせず、また、長男ショーンと父親との関係が損なわれないように、彼女は決してメルの悪口を言いませんでした。過度に期待せず、自分に起こることのすべてを肯定する、オードリーの強さが見られます。

孤独と向き合う

一人になりたくないです。
一人にされたいだけです。

世界中から愛され、その活動やスタイルが注目の的となっていたオードリーにとって、一人になれる時間というのは非常に重要であり、かつ必要なものでした。その半面、彼女は〝孤独になること〟をとても恐れていました。幼い頃の父との離別、戦時下で目の当たりにした親しい人々の死。オードリーの半生を顧みれば、それも無理はありません。孤独になるのは嫌だけど、一人になりたい――オードリーは大きな自己矛盾を抱えていたのです。だからこそ、彼女はハリウッドの喧騒から逃れ、スイスに自宅を持って行き来したのでしょう。後年、オードリーはこのように語っています。

「いざというときは一人、孤独は怖いものです。幸いなことに、私にはいつでも電話できる仲間がいますし、一人でいるのが好きなのです。少しも苦になりません。私は自分自身といます」

過酷な経験から生まれた希望

Impossible(不可能)なことなんてありません。
その言葉自体に
「I'm possible!(私はできる！)」と書いてあるもの。

オードリーにとって、第二次世界大戦の過酷な日々を生き抜いたという経験が、その後の人生の生きる糧となりました。オードリーは空爆を逃れるために、イギリスから母の実家のあるオランダへと避難しました。中立国であったオランダはしかし、ナチス・ドイツによって占領されてしまいます。その結果、オードリーが暮らしたアルンヘムは、第二次世界大戦下で最大の空陸戦が行われたのです。激化する戦火のなかで過ごし、また「飢えの冬」とも呼ばれた戦争最後の冬を生き抜いたオードリーは、170センチ近い身長に対し、体重はわずか41キロ、栄養失調から黄疸、喘息、水腫にかかりながらも、なんとか生き延びることができたのです。

「Impossible」と「I'm possible!」を引っ掛けたユーモアの裏に、波瀾万丈な人生を歩んだオードリーの含蓄《がんちく》を読み取ることができるでしょう。

33

挑戦の言葉

女優ではなく一人の人間

〝オードリー・ヘプバーン〟は
汗をかいたり、しゃっくりをしたり、
くしゃみをしたりしないと思っている人たちは、
きっとどうかしています。
実際、私は誰よりもしゃっくりをするのですから。

There must be something wrong with those people
who think Audrey Hepburn doesn't perspire,
hiccup or sneeze, because they know that's not true.
In fact, I hiccup more than most.

写真家フィリップ・ハルスマンが撮影した、
無邪気なオードリー。

5カ国語を操る才女

私はアイルランド人とオランダ人のハーフで、
ベルギー生まれです。
もし犬だったら、滅茶苦茶になっているところよ。

1929年5月4日、ベルギーのブリュッセルで誕生したオードリー。父ジョセフはアイルランド人、母エッラはオランダ貴族の生まれです。当時、両親はイギリス国籍だったため、オードリーはブリュッセルのイギリス領事館でイギリス人として認定されます。両親の不和もあり、内向的で神経質な子どもだったオードリーを心配した母エッラは、彼女が5歳のときにイギリスの寄宿学校へ入れました。英語も話せず、両親と離れて暮らすことは幼いオードリーにとって大変なストレスでしたが、「自立への素晴らしい教訓となりました」と後年、彼女は語ります。

また戦時中のオランダで暮らしていた際、イギリス人と思われないようにオランダ語を短期間で習得させられました。そして、英語、オランダ語、フランス語、イタリア語、スペイン語の5カ国語を話せるようになったのです。

包容力がある年上男性

いばる男の人って、
要するにまだ一流でないってことです。

明るくユーモアがあり、それでいて自制的で謙虚なオードリーの人柄は、多くの有名監督や脚本家、現場スタッフなどを魅了しました。『ローマの休日』で共演したグレゴリー・ペック、映画監督のウィリアム・ワイラー、ビリー・ワイルダー、そして生涯の盟友であったユベール・ド・ジバンシィといった年上の男性たちは、彼女のよき理解者となりました。厳しい演技指導で知られる巨匠ウィリアム・ワイラーも、『ローマの休日』の撮影の際には、オードリーがありのままでいられるように細心の配慮をしたと伝えられます。『麗しのサブリナ』『昼下りの情事』の監督を務めたビリー・ワイルダーは「私も含めて、全員がこの娘に恋をした」と語っています。

オードリーの理想の男性は父親のように深い愛をもっている人物。決してマッチョな強さではなく、人生の苦労を知っている精神的に強い男性でした。

技術を凌駕する感性

これまでの人生で、
テクニックに裏打ちされた
自信をもったことは一度もありません。
でも、感性さえ磨いておけば、
どんなことでもやってのけられるものです。

もともとバレリーナを目指していたオードリーは、女優としての演技についてはほとんど素人でした。演劇学校できちんと演技の基礎を学んだことがなく、それがオードリーにとっては数あるコンプレックスのひとつだったのです。突然の幸運で、ブロードウェイの舞台『ジジ』の主役に抜擢され、映画『ローマの休日』の主演のオファーを得たときも、当初はまだ主役をやる力はないと思っていたそうです。しかし、オードリーは足りない演技の基礎を、自らの感性でカバーしていったのです。役柄の感情と自分の感情をうまくすり合わせていき、それが合致したときに最大限の表現となり、多くの人々を感動させました。

「私は生まれながらの女優ではないので、感情を表現することに関心があります」とも述べるオードリーは、むしろ、生まれながらに生粋のスター性をもった女優だったといえるでしょう。

37

前向きに生きる術

私にとって最高の勝利は、
ありのままで生きられるようになったこと、
自分と他人の欠点を
受け入れられるようになったことです。

オードリーの生涯は、のちにそれがトラウマになり、もはや受け入れざるを得ないような過酷な出来事の連続でした。幼い頃の父との別れと惨憺《さんたん》たる戦争体験、二度の結婚と離婚、そして五度にわたる流産の経験。

オードリーは後年、「私は非常に早い段階で、人生を無条件に受け入れることに決めました」と述べています。また、「人生に何か特別なことを期待することはありません。大変でしたが、私が期待したよりもはるかに多くのことを成し遂げてきたように思います」とも語るオードリーは、不幸に打ちひしがれることなく、それを受け入れ、常に前向きに生きることを心がけていました。そのようにありのままに生きることこそが、オードリーにとってネガティブな運命を、ポジティブな幸運へと好転させる、ひとつの処世術だったといえるでしょう。

逆境を強さに変える力

すべてがうまくいかなくなりそうなとき、
私は強くなれると信じています。

I believe in being strong
when everything seems to be going wrong.

主役に抜擢されたブロードウェイの舞台『ジジ』で
ニューヨークを訪れたオードリーは、大女優へと羽ばたきます。

新しい人生を始める気構え

万が一すべてを無くしたとしても、
私たちには庭があるわ。
そこでジャガイモを育てて食べられるじゃないの。

「母はいつだって何もないところから新しく人生を始める心構えをもっていた」と、次男のルカ・ドッティは語っています。

パートナーのロバート・ウォルダースもオードリーのタフさに支えられました。ある日、ロバートが、1980年代の欧米諸国を襲った不景気で破産の恐れを口にすると、オードリーは、「破産しても庭でジャガイモを育てればいい」と言ったそうです。スイスでは東西冷戦下にあって、私有地であっても有事の際には農作物を育てられるよう区画されていたらしく、計画書が各家庭に配られていました。もし戦争となれば、オードリーたちの家の地域ではジャガイモ栽培が割り当てられていたそうです。

ルカは言います。「母は戦争についてすべて分かっていました。それは凍てつくような冬でしたが、運命のめぐりあわせのおかげで、そこから母は生き延びたのです」。過酷な戦争を経験したオードリーの強さがひしひしと伝わってきます。

欠点を長所に変える

自分自身に対して
100パーセント率直でなければなりません。
欠点を隠そうとせずに、
正面から向かい合うのです。

オードリーの強さは自らの人生をすべてそのままに受け入れたことです。もちろん、オードリー自身、自らの欠点にしばしば落ち込むほど、多くのコンプレックスを抱えていました。「私は自分をきれいだと思ったことがない」と、かつてラルフ・ローレンに語っています。痩せすぎで胸もなく、背が高すぎるということは彼女にとってコンプレックスでした。歯並びが悪いことが恥ずかしく、若い頃はなるべく笑わないようにしていたともいいます。それでも自分の容姿の価値を大切にして、『ローマの休日』の撮影では、前歯にキャップをかぶせる提案を拒否し、濃い眉毛を抜くことも断りました。

強力な盟友ジバンシィとともに、足首が見えるスリムなサブリナパンツをはじめ次々と流行を生み出し、コンプレックスだった細身のシルエットをあえて強調するファッションを選び、欠点を長所に変えたのです。

ぶれない心の持ち方

私は自分のことを
アイコンだと思ったことはありません。
他人の心にあるものは、私の心にはありません。
私は自分のことをするだけです。

オードリーの謙虚さと自制心の強さがよくわかる言葉です。オードリーが自分のことをスターだとは思っていなかったというのは、彼女の息子たち、ショーンとルカも証言しています。

オードリーは決して人気に溺れることなく、常に自分を見つめ、自制していました。多くのハリウッドスターも謙遜して「自分はスターではない」と言うかもしれませんが、オードリーの場合、自分が「特別な存在である」という意識をまったくもち合わせていなかったのです。

「成功というのは他人の目に映るものよ。私が毎朝、鏡の中に見るのは〝成功者〟じゃない、ただの私なのです」

そう語るオードリーは、浮き沈みの激しいエンターテインメントの世界にまみれることなく、自分に必要なことを日々、精いっぱい行っていたのです。

謙虚な気持ちと感謝する姿勢

控え目であるためには、
その前に何かに立ち向かうことが必要です。

しばしば人はオードリーのことを、慎ましやかで控えめな女性と評します。それは彼女が消極的で受け身の人生を送ったということではありません。あくまでも自分を客観視し、自分を過度に大きく見せたりせずに、自分の欠点を受け入れることで、幾多の困難を乗り越えられる強い女性だったのです。その半面、自分の力の限界がよくわかっているからこそ、オードリーは何か大きな成功を手にしたときは、あくまでも謙虚に自分の力ではなく人に助けてもらったのだといつも感謝します。後年、自分の生涯を振り返って、「私があの時期の映画界にいられたのはラッキーでした。名匠たちが私を求めてくれた時代です。出演作が少ないので、まさに奇跡です。大監督や大スターと次々に撮影ができたのですから」と語ったように、それは生涯、変わることはありませんでした。

43

挑戦の言葉

洗練された都市

パリへ行くことは、
いつだっていいアイディアだわ。

Paris is always a good idea.

第四章
仕事の言葉

44

映画スターへ駆け上る

初めて映画に出たとき、私はダンサーでした。
演技ができるかどうかはまったくの未知数。
でも一人の人間として
何かを引き出せると思われたみたいです。
とても感謝しています。
ありのままの自分が幸運を手にできたのですから。

バレリーナを夢見ていたオードリーでしたが、戦争下でのレッスンの遅れや栄養失調もあって、その夢は諦めざるを得ませんでした。しかし、『初恋』や『パリの恋人』などでは、ダンスシーンにも挑戦しています。

また後年、『ローマの休日』で共演したグレゴリー・ペックがアメリカ映画協会の功労賞を受賞した際、登壇したオードリーは、「すでに大スターだったペックが無名の女優に過ぎなかった自分を引き立ててくれました」と感謝の気持ちを述べました。実際にペックは、無名だったオードリーのカメラテストを見たのち、エージェントに電話をし、「この映画の本当のスターはオードリーだ。私と同等に扱うことを要求していると撮影所に伝えてくれ」と語ったといいます。まさにオードリーにとって、ありのままの自分が映画スターへの階段を上り、幸運を手にすることができた瞬間でした。

チャンスを摑む強運の持ち主

チャンスなんて、
そうたびたび巡ってくるものではありません。
だから、いざ巡ってきたら、
とにかく自分のものにすることです。

『ローマの休日』のカメラテストを担当したソロルド・ディキンソンは、テスト撮影終了後もカメラを回し続けるよう指示をしていました。アン王女がベッドへ身を投げ出すシーンを撮り終わると、スタッフに「もう終わりだから帰ってよい」とオードリーは言われたものの、「誰も〝カット！〟とは言わなかったわ」とそのまま現場に残りました。オードリーはベッドに座りながら「出来はどうでした？」と尋ねます。まだカメラが回っていることをちゃんと見抜いていたのです。

ウィリアム・ワイラーはこの映像を見て、「彼女は私が求めていたものをすべて備えていた――かわいらしさ、無邪気さ、そして才能。そのうえユーモアもあった」と語っています。こうして、オードリーは主役のアン王女役を射止めました。謙虚で自制した女性であったオードリーは、チャンスを摑む強運の持ち主だったのです。

46

努力が報われるまで

私の名前が呼ばれたときは、
驚きのあまり
どうすればよいのかわかりませんでした。
誰かに大きすぎる服をもらったような感じよ。
服に合うまで成長しなくては。

初主演となった『ローマの休日』でアカデミー主演女優賞を獲得したオードリーは、いきなり自分の手のなかに入り込んできた栄誉に困惑していました。ロンドンにいたオードリーにとってオスカーは馴染《なじ》みがなく、いきなりトップに立ってしまったゆえのその後の厳しさというのは、想像に難くありません。しかし、オードリーは決しておごることなく、努力を続けました。続く主演2作目となる『麗しのサブリナ』では、ビリー・ワイルダー監督をして「膨《ふく》らんだ胸の魅力を過去のものにしてしまうだろう」と言わしめるほどに、これまでの美の常識や価値観を変えることになりました。

その後もシンデレラストーリーを演じ、やがて『尼僧物語』で人間ドラマに挑戦、『暗くなるまで待って』で目の不自由な人妻という難しい役をこなします。まさに「服」にフィットする女優に成長したのです。

映画黄金期の人々の心の支え

楽しい映画や、
映画の中で女性が素敵なドレスを着ていたとき、
美しい音楽を聴いたとき、
人々は私のことを想うようです。
「つまらない時間を過ごしていたときに
映画館で映画を見たら、心が晴れたよ」
と、手紙で私に伝えてくれるのがいつもうれしいです。

People associate me with a time when movies were pleasant, when women wore pretty dresses in films and you heard beautiful music. I always love it when people write me and say "I was having a rotten time, and I walked into a cinema and saw one of your movies, and it made such a difference."

『マイ・フェア・レディ』で
写真家のセシル・ビートンがデザインしたドレスを着用。

48

不安に駆られていた撮影前後

どんな人でも、
不安がきれいに消えるということはないと思うの。
成功すればするほど、
自信は揺らぐものだと思うこともあります。
考えてみれば、恐ろしいことね。

順調に見えるオードリーの映画人生ですが、しかし、彼女は次の映画に入る前にはいつも、与えられた役を本当に自分が演じられるかどうか不安に駆られて、常に自信を喪失していたのです。そして、見事に役を演じ切った後でも、また次回作に入るときには同じような不安に駆られました。

こうした役者としての不安の根源には、自分はダンサー出身の役者であって、演劇学校に通い、きちんと正規のレッスンを受けたことがないというコンプレックスがあったのかもしれません。オードリーは時に「シャイな私は役者に向いていません。ダンサーなら許されるけれど」と語るほどでした。

当時の役者の多くは学校に通い、レッスンを受け、スタニスラフスキー理論のような演技理論を学びました。そうした演技の基盤がないオードリーは、現場で演技を学び、足りない部分は自らの感性でカバーしていたのです。

巨匠から学ぶ演技のいろは

いい仕事ができるかどうかいつも心配でした。
いい仕事のためにみんなと仲良くしたわ。
監督が満足して褒めてくれると、ホッとしました。

オードリーの自分に対する評価は常にかなり低いものでした。自分を美人とは一切思わず、顔の造作についても劣等感を抱いていたのです。オードリーの1960年代を代表する作品のひとつである『シャレード』では、ケーリー・グラントと共演しています。彼もまた繊細で傷つきやすく、自らに劣等感を抱いている人物でした。そんな彼ですらオードリーに、「君はもう少し自分を好きになる必要があるよ」と言ったほどだったのです。

現場では常に不安を抱えていたオードリーでしたが、そんな不安を解消してくれたのも、また現場でした。オードリーは晩年のインタビューで、監督との現場が自分にとって演劇学校だったと語っています。ウィリアム・ワイラーやビリー・ワイルダー、スタンリー・ドーネンといった映画の巨匠たちに、学校でのレッスンのように現場で演技のいろはを教えてもらったのです。

仕事と家庭のバランス

私の最大の願望は、
いわゆるキャリアウーマンにならずに
キャリアを築くことです。

オードリーは仕事のために家庭を犠牲にするようなタイプの人間ではありませんでした。メル・ファーラーやアンドレア・ドッティとの夫婦生活はやがて破綻しますが、それでもオードリーはなんとかそれぞれの家庭を守ろうと必死に努力していました。また、長男ショーンや次男ルカのために仕事をセーブし、子どもと家庭を最優先にして、一切の仕事を断ったこともありました。

オードリーは後年、次のように語ります。

「何としても避けたかったのは、人生を振り返ったとき、映画しかないという事態です」

愛する人との子どもを生み、家庭をもつということは、幼い頃より孤独だったオードリーにとって、夢見るほどの願望でした。それは映画の仕事と同じくらい、あるいはそれ以上に大切なものだったのです。

唯一無二の演技

いわゆる天賦の才に恵まれていると
思ったことはありません。
仕事を心から愛して最善を尽くしただけです。

正規の演劇レッスンを受けていないオードリーは、演技に対してもコンプレックスの塊でした。過去にも、終戦後にロンドンでバレリーナを夢見てレッスンに励んだときも、自分はバレリーナに向いていないのではないかという挫折感を強めていました。過酷な戦争体験によって満足に練習ができず、周囲の練習生との差が大きかったのです。後年、オードリーは「キャリアのどの段階でも、私は経験が不足していた」と語っています。ダンサーを諦め、女優として歩み出したとき、演劇学校で教わるようなメソッドや理論といった基礎は当然ありません。しかし、だからこそ自分のなかに役柄の感情と同じものを見出し、それを最大限、表現することがオードリーの唯一無二の演技となったのです。感性によって人を魅了することができたのはまさに天賦の才だったのではないでしょうか。

52

原作どおりの人物像

スタイリッシュなホリーにならないと。
それが私にとって唯一できることなら。

『ティファニーで朝食を』の原作者トルーマン・カポーティは、高級コールガールのホリー・ゴライトリー役の第一候補には、マリリン・モンローと考えていました。グラマラスで性的な魅力に溢れたモンローは、オードリーとは真逆のイメージをもつ女優。ところが、モンロー側から映画出演を拒否され、結果、オードリーが抜擢されたのです。カポーティは「彼女はこの役にまったく向いていなかった」と酷評するほどでした。しかし、オードリーはモンローにはない個性と上品さで、スタイリッシュなホリーを演じ切りました。

実は原作では「ほっそりした黒いドレスに、黒いサンダルをはき、真珠の小さなネックレスをつけていた。その身体はいかにも上品に細かった」「口は大きく、鼻は上を向いていた。両目はサングラスで隠されて見えない」と描かれており、まるでオードリーのイメージそのものだったのです。

鏡の前で自分を客観視する

自分のことを
客観的に見られなくてはいけません、
道具か何かのように。
それから自分が、
何をどうしなければいけないかを
決めなければなりません。

オランダのソニア・ガスケルやイギリスのマリー・ランバートのもとでクラシック・バレエのレッスンを受けたオードリーは、幼い頃から鏡の前でずっと踊りの練習に励んできました。そのため、いやが応でも自分のプロポーションがいかなるものか、自らを客観視し、自然とチェックする才能を身につけていたのです。どんなに動いても、まるでトルソーのように背骨がぶれない体の美しさは、バレエによって鍛えられたものでした。

「不平を漏らさない、疲れを顔に出さない、舞台の前夜は遊びに出かけない。ソニアは、本気で努力すれば必ず成功することを教えてくれたわ。それに、すべては内面から湧き出なくてはならないということもね」と語るオードリーのスタイルと根本的な考え方は、バレリーナを目指した頃からのストイックな練習と、恩師たちの教えの賜物だったといえるでしょう。

54

努力し続けた女優のキャリア

あのね、
私のことを「美しい」と聞いたり読んだりしたとき、
私はまったくそうは思わないのですよ。
明らかに、私は正統派美人ではないです。
私は「ただ美しいだけ」で
キャリアを築いたわけではありません。

Look, whenever I hear or read I'm beautiful,
I simply don't understand it...
I'm certainly not beautiful in any conventional way.
I didn't make my career on beauty.

『戦争と平和』のセットでひとときの休憩をとるオードリー。

55

名声を世界のために役立てる

女優という仕事が私に特別なものをくれたとしたら、
この声を残してくれたことです。
今も私に興味をもつ人がいることを
子どもたちのために利用できますから。

オードリーはそのキャリアの晩年を、ユニセフの活動に捧げました。そもそもユニセフとの出会いは、終戦を迎えた頃に遡《さかのぼ》ります。最大の激戦地だったアルンヘムで飢餓にあえいでいたオードリーたちは、ユニセフの前身であるアンラから食糧の救援を受けました。「それは私たちが夢見たもののすべてでした」と後年、語っています。

時を経て、女優での成功を手にしたのち、親善大使に任命されたことでユニセフとの再会を果たします。「私は45年間、この仕事のオーディションを受け続けて、やっとそれを手に入れました。テレビで恐ろしい光景を見るたびに、いつも自分の無力を痛感していました」と語るように、自分がユニセフで活動することで、戦争と子どもたちの貧困や犠牲に世間の目を向けることができる。女優としての名声を、苦しむ他者のために役立てることができるとわかったのです。

キャリアの潮時を見極める

仕事では大きな幸福を味わいました。
でも何事にも潮時があります。
それは誰にも逆らえないものです。
私は幸運な人間よ。

ユニセフの活動を始める直前の1980年代、オードリーのもとには、映画出演の依頼が多数舞い込んでいました。けれども、彼女はそのすべての出演依頼を断わりました。かつての黄金時代と比べれば、映画界全体が変わりつつあったことをオードリーはよくわかっていたのでしょう。そして何よりも、45年間待ち続けた、ユニセフの活動に残りの生涯を捧げたいという思いが強かったのです。それはオードリーにとって、賢明な選択だったといえるのかもしれません。

80年代の終わりに公開された、スティーヴン・スピルバーグ監督の『オールウェイズ』が、オードリーにとって最後の出演作品となりました。彼女が最後の作品で演じたのが、主人公を勇気づけ、手助けする天使の役だったというのも、なんとも運命的です。

57

ありのままの自分でいること

成功は誕生日みたいなものです。
待ちに待った誕生日が来ても、
自分は何も変わらないでしょ。

監督ビリー・ワイルダーは、オードリーを評して「慎ましい女性だ。賞をとったり批評で絶賛されたりした話になると必ず人に助けてもらったと言うんだ」と語っています。彼女の息子ショーン・ファーラーもまた「母は、自分が特に美しいとは思っていませんでした。ほかのスターに比べて見劣りすると考えており、有名になったのはただの偶然だと感じていました」と後年、語っています。

オードリーは仕事に対しても人生に対しても、常に謙虚に学ぶ姿勢を崩すことはありませんでした。ブロードウェイの舞台『ジジ』の主役に抜擢されたときも、決しておごらず、「私はダンサーと女優の中間といったところです。まだ学ばなくてはならないことがたくさんあります」と述べています。

どんなに大きな成功や栄誉を受けたとしても、オードリーは変わらず常に自分というものを見つめていたのです。

58

憧れたダンサーの仕事

何よりダンサーに
なりたかったのです。
でも演技の道に進んでたくさんの
幸せを得ました、大切な仕事よ。

I wanted to be a dancer more than anything in the world. But this career has brought me so much happiness and good fortune. It meant so much to me.

第五章

家族の言葉

厳格な母親からの教え

母からひとつの人生観を与えられました。
他者を優先しないのは、恥ずべきことでした。
自制心を保てないのもまた、恥ずべきことでした。

オードリーの母エッラ・ファン・ヘームストラは、オランダ貴族の男爵家出身で、若い頃は女優になることを夢見ていましたが、厳しい貴族の教育と体裁から、それは許されませんでした。

オードリーは後年、母エッラの人となりを振り返って、次のように語っています。「素晴らしい母親だったけれども、規律と道徳に厳しいヴィクトリア朝の躾を受けていました。子どもに対してとても厳しかったです。心の内に溢れるほどの愛情をもっていたけれども、いつもそれを表に出すわけではありませんでした」。

エッラと良好な関係を保ったロバート・ウォルダースも「優れた教養ある女性」と断りながらも、「オードリーを含むすべての人に対して批判的で、偏見に満ちていて狭量だった」と述懐しています。その一方で、自分が果たせなかった夢を叶えて、女優となったオードリーのよき理解者でもあったのです。

60

家族の言葉

大好きな叔父さんの突然の死

心の痛みは最初は敵であり、直面したくないもの、
考えたくないもの、対処したくないものなのです。
しかし、時が経つにつれて、
それはほとんど友人のようになるのです。

オードリーは青春時代を、戦渦のオランダで過ごしました。ナチス・ドイツ軍の占領下においては、人々は過酷な日常を送りました。オードリーの母エッラの姉の夫である叔父オットーは、アルンヘムの治安判事で、オードリーは叔父さんを慕っていました。

当時、オランダでは水面下で反ドイツのさまざまなレジスタンス活動が行われており、その地下組織によるドイツの列車爆破計画が未遂に終わったのち、当局は各地から5人の人質を取ったのです。そのうちの一人が、叔父オットーでした。5人全員は無実でしたが、監禁されたのちに首謀者が名乗り出なかったことから、森へ連れて行かれ射殺されました。1942年8月15日のことです。大好きだった叔父さんを突然に失った悲しみに、オードリーは生涯向き合い続けました。心に抱えた悲しみさえも〝友人〟と呼び、前向きに生きようとしたのです。

61

家族の言葉

父と娘の愛情

子どもには父親が必要と身をもって学びました。
父にはいつもそばにいてほしかったです。
私を愛してほしかった。
自分の子どもには
同じ思いをさせたくありませんでした。

オードリーが6歳の頃、父ジョセフが家族のもとを去ったことは、彼女の大きなトラウマとなりました。後年、オードリーは「私の人生で最もショッキングな出来事」であり、「その悲劇からいまだに立ち直れたとは思えない」と語っています。父親に愛されたい、父親に会いたいというオードリーの思いは、自分の子どもに対する惜しみない愛情へと変わっていきました。

1959年、オードリーは父ジョセフとダブリンで再会を果たします。そして、1980年に父が亡くなるまで、オードリーは父の生活を支援し続けました。ロバート・ウォルダースの証言によれば、オードリーは自分を捨てた父を恨むことはなく、またジョセフも娘にもっと愛情を示してやらなかった後悔について語りました。ジョセフは娘に愛されていたことを知り、オードリーもまた、父に愛されていたことを後から知ったのでした。

戦渦を生き延びた家族

もちろん、私たちはすべてを失いました。
家も、持ち物も、お金も。
でも、少しも悲しくはありませんでした。
家族全員が無事に生きている、
そのことが何よりもありがたかったのです。

ナチス占領下において、オードリーの母方の実家であるファン・ヘームストラ家は、土地や家屋、預金の類いなど、その財産のすべてが事実上、没収されました。オードリーの異父兄のアレクサンデルは自衛のためにも、地下活動に身を投じ、一斉検挙によって強制労働を強いられることを回避しました。しかし、もう一人の異父兄イアンは、当局によって逮捕され、ベルリンへと送られると、1日14時間にもおよぶ強制労働に従事しました。オードリーやその家族たちには、彼らは死んだものとされていました。ところが、終戦を迎えたのち、数年ぶりにアレクサンデルが身重の妻を連れて、オードリーたちの前に姿を現しました。そして、イアンもまた、オードリーたちのもとに無事に帰還したのです。強制労働で多くの人が亡くなったなか、家族の帰還はまさに奇跡のように感じられたことでしょう。

63

待望の自分の子ども

私の人生でいちばんの夢は子どもをもつことでした。
私がいつも感じていたのは、
愛情を受けるだけでなく、
誰かに与えたかったのです。
どうしても、与えたかったのです。

オードリーは、生涯に五度の流産を経験しています。そうまでしてオードリーは子どもをもつということに執着していました。両親の不和と離婚によって、幼少の頃からオードリーは愛情に飢え、それが転じて自ら愛情を注げる対象を求めていたのでした。俳優のメル・ファーラーと結婚し、妊娠が発覚するも流産を経験したオードリーは仕事に打ち込むことで、この悲劇から立ち直ろうとします。

その後、再び子どもを授かったオードリーでしたが、『許されざる者』の撮影中に落馬。脊椎骨折の重傷を負うも、おなかの子への影響を危惧して、鎮静剤なしで治療を受けましたが、またも流産。三度目の妊娠がわかったとき、オードリーはすべての仕事を断り、出産に向けて細心の注意を払いました。1960年7月17日、彼女の愛情を一身に受けた待望の長男、ショーンが生まれたのです。

家庭という安息の地を求めて

私は家庭を陽気で明るい場所にしたい。
この不安な社会から逃げ込める場所にしたい。
家族が帰ってきたときに、
慌ただしくしているところを見せたくない。
それでなくても今の時代は慌ただしいのですから。

オードリーにとって、女優という仕事は人々の注目を集める一方で、常に緊張を求められ、不安に苛《さいな》まれるような環境でもありました。また、家庭というものに大きな憧れを抱いたオードリーは、自分の家庭を穏やかに過ごせる安息の場所にしたいと考えていたのです。待望の子どもを授かり、『ティファニーで朝食を』『マイ・フェア・レディ』など、オードリーの代表作となる作品に出演し、公私ともに充実しているように見えましたが、夫メル・ファーラーとの関係は冷えきっていました。幼い息子ショーンのためにも、夫婦関係を修復するためにも、休息を必要としていたのです。

スイスのトロシュナに、18世紀のファームハウスを購入すると、オードリーはそこを安住の地として家族との生活を優先することに決めました。同所は「ラ・ペジーブル（静かな場所）」と名付けられ、そこで陽気で明るい家庭をつくろうと努めたのです。

愛情を絶やさない決心

男が何をしようと、
子どもがどんな不幸や心痛を与えようと、
親がどんなにあなたを苛立たせようと、
あなたが彼らを愛していれば、　大丈夫です。

Whatever a man might do,
whatever misery or heartache your children might give you
however much your parents irritate you
it doesn't matter because you love them.

忙しい合間をぬって過ごす、
待望の息子である長男ショーンとの時間。

家族との生活を守り抜く

人生は一度きり、
それは自分と家族と子どもたちのものです。
私生活をほとんど公表しないのは、
普通の日常を過ごしたいだけです。

スイスの邸宅「ラ・ペジーブル」は、世界的なスターにはおよそ似つかわしくない質素で、庭のある落ち着いた住居でした。そこで彼女はよき妻、よき母であろうとしました。地元の市場に出かけて買い物をし、その飾らぬ人柄から、村ではアイドルだったそうです。

二人目の夫アンドレア・ドッティとの生活でも同様で、子どもたちのためにも、オードリーは専業主婦でいることを選択します。ローマでの暮らしは、まさに〝ドッティ夫人〟そのものでした。

また、オードリーは現役時代、自分のことを公に語ることはほとんどありませんでした。晩年、ユニセフの活動に関わり、自分の名声や立場がその活動に貢献できると考えるようになってから、ようやく彼女自身の口から、その半生が語られました。それほどにオードリーは、家族と子どもたちを優先し、穏やかな日常を守ろうと努めていました。

仕事をするのも子どもを優先

出来るだけ多くの時間を家族一緒に過ごしたいです。
家庭でヘルパーを雇っていますが、
自分自身で料理をし、家事の世話もしたいです。
ニューヨークでの仕事本意というような生活は、
好きではありません。

世界的な女優であると同時に、よき妻であり、よき母であろうとしたオードリー。スイスに自宅を持つこと自体、ハリウッドの一線で活躍する女優としては珍しいことでした。撮影があるときは、自宅のあるスイスからアメリカまでを行き来する日々を送りました。そうまでしても、彼女は家族の安穏を守りたかったのです。アンドレア・ドッティとの再婚、そして次男ルカが誕生してからは、オードリーは休業し、専業主婦に努めます。

そんなオードリーが9年ぶりに映画に復帰、『ロビンとマリアン』への出演を快諾したのも、子どものためでした。息子たちが、オードリーに映画に出演することを懇願したのです。ロケ地はローマから近いスペイン、また撮影スケジュールは子どもたちが夏休みの時期に一緒に行けるように組まれました。それほどまでに、彼女は家族と共にいることを望みました。

愛する子どもを想う母心

必死に結婚生活を続けました、
子どものためにね。
結婚というものに敬意をもっていましたし、
確かに一度は愛していた相手でしたから。

一度離婚を経験したオードリーは、その分、再婚したアンドレア・ドッティとの生活を大切にし、家族を優先することに努めます。しかし、アンドレアはプレイボーイで知られ、結婚後も複数の女性の影がありました。それでもオードリーは離婚だけは子どものためにも、なんとしても避けようと決めていました。ところが、「人は誰かを心から愛するなら、すべてがうまくいくと希望的に考える――しかし、いつもうまくいくとは限らない」と語るように、ついにアンドレアとの結婚生活に終止符を打つ決断をします。

その後、オードリーと子どもたちは、アンドレアと暮らした家の向かいに転居します。離婚したにもかかわらず、元夫の家の近くに住み続けたのは、息子ルカを想ってのこと。ルカが両親の離婚から大きなショックとストレスを受けないよう、父親のそばで暮らせるように配慮したのです。

69

地位や名声よりも小さな幸せを

ハリウッドの転換期に映画界に入りました。
主役を演じ、美しい家に住み、
ご馳走も食べました。
でも生活は今と同じ。
自宅で大切な友人や犬や子どもたちと
過ごしています。

ハリウッドのスターとして大きな成功を手にしたオードリーでしたが、その暮らしぶりはあくまでも質素に、決しておごり高ぶることもなく、自分らしさを貫きました。家族との平穏な暮らしを求めて、スイスやローマといった、ハリウッドから距離を置くことができる土地を選択しました。彼女は、お気に入りの庭があるスイスの住まい「ラ・ペジーブル」での慎ましやかな生活を、生涯愛し続けました。

生前、オードリーはアカデミー授賞式に何度も出席していますが、その際、司会者からはしばしば「ヨーロッパから戻ってきてくれたオードリー・ヘプバーン」「おかえりなさい」と紹介され、出迎えられていました。それほどに彼女は華やかな世界からは一線を引き、ハリウッドのパーティー好きな人々たちとは異なるスター人生を歩んでいたのです。

揺るがない選択

私はあるとき、
映画を逃すか、子どもを見るか、
どちらかを選ばなければなりませんでした。

生涯にオードリーが出演した映画作品は27本と、意外に多くありません。時には1年に2本以上の映画には出演しないよう、時には女優業そのものを休み、主婦に専念しました。ハリウッドで活躍し、スイスで暮らしたオードリーは「頑固にスイスに戻っていった」と揶揄されたりもしましたが、それは子どもとの時間を大切にする彼女自身の選択だったのです。

長男ショーンが生まれたとき、オードリーは「どんな新米の母親とも同じように、私も最初はこの子が本当に自分のもので、本当にずっと自分の手元に置いておけるということが信じられませんでした」と語ります。幼い頃の父との別れだけでなく、戦時下で離れ離れとなったほかの多くの親子の姿もきっとオードリーの心には映っていたことでしょう。そして度重なる流産という悲しい経験。彼女の半生を考えれば、こうした言葉と選択は非常に重く響きます。

71

家族を中心にして生きた人生

家族は私にとって大切なもの、
必要不可欠です。

キャリア上の成功や仕事上の達成よりも、オードリーは生涯「家族」というものにこだわり続け、それを大切にしました。幼い頃の父との別れ、戦争体験、バレリーナとしての挫折と、一躍映画女優としての世界的な名声に輝くというシンデレラストーリー、そして晩年のユニセフの活動に至るまで、波瀾万丈の人生を生きる、唯一の糧となったのが、まさに「家族」だったのです。

長男のショーン・ファーラーがスイスの寄宿学校に入っていた頃、オードリーは学校の長期休暇に合わせて、映画の撮影が終わるようにスケジュールを組んでいました。そのまま家族でバケーションを過ごせるようにしていたのです。ショーンは「決して母親の不在を感じて悲しい思いをすることはなかった」と述べています。

思い描いた理想の家族像

いつも仕事の依頼があるとは限りませんが、
私にはいつも家族がいます。

I may not always be offered work,
but I'll always have my family.

第六章 美の言葉

歳を重ねた女性の美しさ

女性の美しさは唯一、
歳を重ねることで育つのです。

スイスの自宅で畑仕事に精を出しているときでも、日差しにはお構いなしに土いじりに没頭するオードリーの姿がしばしば見られました。同時に、パーティーなどでは背中や胸元が露わとなったイブニングドレスを堂々と着こなしてもいます。普通ならば加齢からくるシミやシワを隠そうとしますが、オードリーはまったく気にしていませんでした。「確かに私の顔にはシワも増えました。ただ、それは私が多くの愛を知ったということなのです。だから、私は今の私の顔のほうが好きです」という言葉からは、いつも笑顔を絶やさず、悲しみを笑いに変え、前向きに生きていた彼女の信念がうかがえます。

1991年にファッション誌『ヴァニティ・フェア』のカバーに取り上げられた際、撮影を担当した写真家スティーヴン・マイゼルは、「彼女は年齢を重ねたけれども、失望させられることはなかった」と証言しています。

人間の真髄

外見よりも大事なことがあります。
どんなに化粧をしても、
醜い性格を隠すことはできません。

There are more important things than outward appearance.
No amount of makeup can cover an ugly personality.

まさに『麗しのサブリナ』では
外見よりも中身が大事だと教えられます。

幸せの健康法

サラダです、
サラダ以外無くともよいくらい好きです。

オードリーの息子ルカ・ドッティは、母が作ってくれた多くの料理のレシピとともに、その食生活の一端を明らかにしています。「母はみんなにもたくさんの水を飲むことを勧めていました。今でこそ水をたくさん飲むことは健康にはかかせない常識ですが、母は先駆けて実践していました。水をたくさん飲むことと、たくさんの野菜を食べることを常に意識していました」というように、健康を気遣い、自宅の庭で採れた新鮮な野菜でさまざまな料理を作りました。他方で、ルカは「母はパスタなしでは生きられなかった。お皿が溢れるほどの量をお代わりした」とも語っています。

また、月に一度、プレーンヨーグルトとすりおろしたリンゴだけというプチ断食をしていましたが、〝よい朝食〟を取ることを大切にし、朝食だけは抜きませんでした。食を楽しみながら、健康に配慮した食生活がうかがえます。

コンプレックスを研究

私は美人ではないけど、
パーツひとつひとつを見れば
いいところもあります。

親友ドリス・ブリンナーは、オードリーの容姿に対するコンプレックスの大きさを物語る、彼女との次のようなエピソードを回想しています。

オードリーはしばしばドリスとお互いの容姿の話をしましたが、彼女は決まって「自分の顔は偽物だ」と言います。「目は小さいし、顔も四角いから、お化粧で直しているの」、そう語るオードリーは「証拠を見せるわ」と言って、明くる日の早朝、撮影に行く前に、ドリスのもとを訪れました。スカーフとサングラスを取ると、「見て！目はないし、顔は四角いでしょう」と。以来、彼女のニックネームは「スクエア（四角）」になりました。

強いコンプレックスの分、オードリーはいかに自分を人に見せるか、熱心に探求していたのです。自分の欠点から目を逸らすのではなく、むしろ受け入れ、美しく見せる角度やメイクを研究し、克服していったのでした。

知的でエレガントな美

女性は美しいだけでなく、知的にもなれるのです。

戦前、イギリスの寄宿学校で家族から離れた生活をしたオードリーでしたが、戦争が始まると、母のいるオランダへと渡ります。戦時下では満足な教育を受けることができなかった青年期。しかし、母エッラの厳格な教育は、オードリーに強い自制心を涵養《かんよう》し、また彼女自身、経験のなかから知性というものを貪欲に求めていきました。

「必要なことはその時々に、現場のなかで身につけていきました」と女優になったオードリーは語ります。女性は知的であるよりも、その容姿の美しさやセックスアピールによって評価されがちな時代において、芯の強さがオードリーにはありました。女優にとって多くの場合、デビューまでは初々しい若さと美貌によるシンデレラストーリーに過ぎません。そのような奇跡を必然に変えるのは本人の努力です。オードリーは知的でエレガントな美を磨き、キャリアを築いていったのでした。

滲み出る内面の美しさ

エレガンスは、
決して色あせることのない唯一の美です。

オードリーの美しさは、ただ単に見た目の美しさだけではありません。容姿は歳とともに変化するもので、美貌がいつまでも長続きするわけではありません。監督のビリー・ワイルダーは「スターにとって問題なのは、50歳を過ぎたらどうするかということだ」と述べましたが、オードリーはその心配とは無縁だったことでしょう。ワイルダーはまた、オードリーを評して次のように語っています。「この世から消えたものを彼女はもっていた。エレガンスと気品、礼儀正しさ。それは人をレディにするものである」と。

親友のドリス・ブリンナーも容姿を超えたオードリーの美しさを語ります。「彼女が見せたのは心の美しさだと思います。あの眼差しを通して、内面の美が輝いていて、あらゆるしぐさや話し方に表れていました」。本当の美というのは、見た目の美しさではなく、内面から滲み出るものなのです。

79

忘れられない自由の味と匂い

今もし私がチョコレートの箱を手に入れたら、
中身は多分2時間はもつでしょう。
以前は最後の1個がなくなるまで
食べるのを止められませんでしたが。

オードリーにとって、チョコレートと煙草は欠かすことのできない生涯の友でした。彼女にとってチョコレートは、「悲しみを消し去る手助け」をしてくれるものだったのです。彼女が幼少の頃、父が出張先から戻ると、決まって両親の夫婦喧嘩が始まりました。その度にオードリーは、「爪か、パンか、チョコレート」をかじっては心を慰めたのです。また、ナチス占領から解放された日、オランダ兵からもらったチョコレートキャンディーバーは、飢えで苦しんだオードリーの身体と心を癒やしてくれました。

また、オランダを解放したイギリス軍が吸っていた煙草の匂いに、オードリーはたちまち夢中になりました。「自由は私にとって特別な匂いがするの」とオードリーは言います。彼女にとってチョコレートと煙草は、〝自由と解放〟を意味していたのです。

80

下積み時代に培った美

私は身長を取り柄にするために、
あらゆることを試しました。
アレグロ*を頑張る代わりに、
アダージョ*の練習に時間を割いて、
長いラインを利点にしようとしたのです。

*アレグロ：バレエの振り付けで小刻みでキビキビした動き
*アダージョ：バレエの振り付けでゆっくりした動き

バレリーナを目指したオードリーは、自分の背が高すぎることが欠点だと感じていました。170センチ近い身長は、たいていの男性ダンサーを上回り、相手役を探すのもひと苦労というわけです。身長の高さをカバーするためにオードリーはどんな努力も厭《いと》いませんでした。バレエの練習では、長い手足が美しく見える動きを熱心に研究したのです。そうした努力は、やがて批評家に「潜在的なスター性を備えた女の子は、キリン並みに背が高くてもやっていけるものだ」と言わしめました。

バレエのレッスンと並行して、オードリーは生活のために写真家のモデルも務めましたが、このときに自らの容姿を最も効果的に見せる方法を実地で学んでいきます。オードリーの美しい姿勢はバレエやモデルといった下積みの時代から培われていたのでした。

81

美の言葉

目のメイクひとつで人を魅了

セックスアピールは〝サイズ〟ではありません。

マリリン・モンローやエリザベス・テイラーなど、グラマラスでセクシーな女性像が人気を博した時代にあって、オードリーの登場はまったく別の価値観を人々に根付かせました。「自分を客観的に見なくてはならない。自分を一種の道具とみなして、何をしなければならないかを決めなくてはならない」と、自らの美を高めていくために努力を続けました。

オードリーはしばしば撮影の際、「女性であることを証明するのに寝室は必要ない」と述べています。また、「目のメイクがあれば大丈夫」とも。それは、オードリーのメイクを担当したアルベルト・デ・ロッシ考案の、眉尻が細い「ガルウイング（カモメの翼）」の功績も大きかったことでしょう。「世界一美しい目」という評判に対して、オードリーは「最も美しいアイ・メーキャップというべき。それもアルベルトのおかげよ」と語っています。

82

すべてを物語る瞳

女性の美しさは、
着ている服でも、
振る舞う姿や、
髪の梳《す》き方にあるわけでもありません。
女性の美しさは、
瞳の中にあります。
それは、心にいたる扉だからです。

The beauty of a woman is not in the clothes she wears,
the figure that she carries, or the way she combs her hair.
The beauty of a woman is seen in her eyes
because that is the doorway to her heart.

『尼僧物語』の撮影中、
一点を見つめるオードリー。

83

美の言葉

成長期の少女の悩み

もっと背が低くて足が小さくて、
スタイルがよくて
鼻が小さければよかったわ。
髪もブロンドがいいし何もかも変えたいです。

ロンドンのランバート・スタジオで共にバレエのレッスンを受け、しばしばオードリーのパートナーを務めたロナルド・ハインドは「私はよく練習でパートナーになったが、ウエストはすごく細かった。背は高いほうだったが、彼女を支えるときに巨人だと思ったことは一度もなかった」と述べています。ところが、小さい頃からコンプレックスの塊だったオードリーの自己評価はもっと厳しいものでした。背が高すぎるという「思い込み」に加えて、体重の悩みもあったといいます。戦時下での飢餓の経験もあり、「食べ物が手に入るようになると手当たり次第になんでも詰め込んだので、すっかり太って体重が20ポンド(約9キロ)も増えてしまった」と語っています。成長期の少女らしい悩みももっていたオードリーでしたが、意思の強さでそれを克服したのは、彼女の非凡なところだったといえるでしょう。

笑顔の源は愛犬

自分の犬より自分のほうが魅力的だなんて、
誰も思いません。

「オードリーは、自分で飼ったどの犬にも夢中だったたし、いつも犬を飼っていた」と、監督ビリー・ワイルダーが語るように、オードリーにとって犬と過ごすひとときは至福の時間であり、笑顔の源でした。親友のドリス・ブリンナーも、「彼女は家で犬と戯れる素顔のときが、いちばん幸せな時間でした。映画スターや世界のアイドルではない時間です」と述べています。

最もよく知られた愛犬は、ヨークシャーテリアの「ミスター・フェイマス」。しばしば撮影にも連れてきて、スタジオ内を自転車で移動する際も、前のバスケットに入れて一緒に行動していました。「母とフェイマスは一心同体だった」と、息子のルカ・ドッティも述べています。現在、ローマのドッティ家では、ジャック・ラッセル・テリアを飼い、ただの飼い主と愛犬というよりも、むしろ家族同然のような愛情を注いでいるのは、オードリーが遺した遺産といえるでしょう。

85

笑顔という武器

いちばんいい笑顔を作りなさい。
なぜって、
第一にそのほうが
あなたがいちばん素敵に見えますし、
第二にそうするほうが、
より早くあの人たちは
あなたのことを構わなくなりますから。

パパラッチに出くわしたときにどう対処すればよいか、親戚の子に述べたオードリーの助言です。これはまた、オードリー自らが実践していた対処法だったともいえるでしょう。

息子のルカ・ドッティが編集した『オードリーのローマ プリンセスの素顔』は、ローマでのオードリーを追ったパパラッチたちが撮影した写真で構成されています。その写真はいずれも素晴らしいもので、オードリーの笑顔が非常に印象的です。四六時中追ってきて、プライバシーを侵害するパパラッチは家族第一主義のオードリーにとって、嫌悪の対象だったことでしょう。それでも、よく見知ったカメラマンに対しては、「仕方ないわね」と笑いながら歩いているショットが、本の中にはしばしば見られます。笑顔は、スカーフやサングラスとともに、彼女にとって家族とプライバシーを守るための手段だったといえるかもしれません。

86

ピンクを味方につける

私はピンクを信じています。（中略）
キスすること、
たくさんキスすることを信じています。（中略）
ハッピーな女の子が
最もかわいい女の子だと信じています。
私は明日がまた新しい日だと信じているし、
奇跡も信じています。

赤と同様に数こそ多くありませんが、その時々でオードリーが身につけたピンクは、華やかでかつ清楚さを演出し、エレガントな美を帯びた彼女にお似合いの色でした。アンドレア・ドッティとの再婚の際に着たのも、ジバンシィが手がけた、スカーフ付きのピンクのミニドレスでした。

また、第58回アカデミー賞で、黒澤明監督の『乱』が4部門にノミネートされ、衣装を担当したワダ・エミさんが衣装デザイン賞を受賞した際、オードリーがプレゼンターを務めました。濃いピンクのサリー風ドレスで登場すると、スタンディングオベーションで迎えられました。当時、第一線からは退いていたため、そこまで大きな歓迎を受けるとは彼女自身、思ってもいなかったのです。感極まったオードリーの目には涙が浮かび、そのとき着ていたピンクのドレスも大変印象深いものでした。

強く美しく生きる知恵

美は見た人が感じるものです。
自分では見ることができません。
毎朝、目覚めるたびに、
きれいに見えるように全力を尽くします。

バレリーナを夢見ながらも諦めざるを得なかったオードリーにとって、日々、鏡の前で行うバレエのレッスンで培った心身は、その後の女優業や人生においても大きな財産となりました。オードリーはバレエについて次のように語っています。「（ダンサーは）技術的な多くのことを習慣で行うようになります。私たちはリラックスするときに決してだらしなくはなりません。……ダンサーは、自分の姿勢が優雅でないときは、それに気がつくよう訓練されているのです」。また、映画『ローマの休日』や舞台『ジジ』の主演が決まり、本格的な演技のレッスンを受けたときにも、「バレエの厳しさに慣れていなければ、これほどまでの稽古量には耐えられなかったでしょう」とも述べています。

彼女の美しい容姿や姿勢、自分に対する厳しさは、まさにバレエダンサー時代に培ったものが、基礎となっていたのでした。

幸せの秘訣

笑うことがいちばんの
カロリー消費になると思います。

I believe that laughing is the best calorie burner.

第七章
人生の言葉

89

レジスタンス活動を支援

自由ほど尊いものはないと思います。
それから、健康と家族——そして人間の命。
戦争が終わったとき16歳でしたが、
私は12歳で大人になっていました。

オードリーが戦時下に暮らしたアルンヘムは激戦が行われた地域だったのと同時に、市民たちのレジスタンス活動も盛んに行われていました。子どもたちは、学校の登下校などで比較的自由に動けたので、子どもだったオードリーもレジスタンス組織の新聞や手紙を靴下に押し込んで、自転車に乗って届けに行っていたという話を聞いたと息子のショーン・ファーラーが証言しています。子どもたちは、必死に大人の助けとなっていたのでした。

また灯火管制下で、地下組織の資金集めのために人々の前でバレエの舞台を披露したこともありました。レジスタンスへの協力であるとともに、戦渦で苦しむ人々の心の慰めにもなりました。「私にとってそれまで最高の観客は、踊り終わっても声ひとつ立てなかった人たちです」と後年語っているとおり、人々は心のなかで、幼くも成熟したオードリーに感謝と喝采を送りました。

揺らぐ成功と不安の気持ち

私はいまだに
すべてを失うかわからないという不安を覚えます。
でも私の最大の勝利は自分自身とともに生き、
自分の欠点を受け入れられたことでした。

数々のチャンスに恵まれ、ハリウッドでスターの階段を一気に駆け上がったオードリーは、成功を実感するということがなかなか出来ませんでした。「一本映画を撮るたびに、自信はふくれあがったりしぼんだりしました。ひとつの映画が終わると、もう二度と仕事がないのではないかと思ったものでした」と、成功したとしても決して不安は消えませんでした。

「演じるということは私にとって驚きでした。今でもそうです。私はバレリーナになりたかった……内気な女優になるよりは内気なバレリーナになるほうが易しいでしょ」と語るオードリーは、本当に自分がなりたいと望んだ夢を叶えることができませんでした。それでも、彼女は自分自身を見捨てることなく、短所を受け入れ、女優として、よき妻として、優しい母としての幸せを摑んだのです。

91

困窮体験から学んだものの大切さ

お金なしに生きることは、誰もできません。
私はお金を尊敬しています。
パンが買えるのは、お金のおかげですから。

物資が滞り、満足に食べることもできなかった過酷な戦時下を生き抜いた、オードリーならではの金言です。

終戦後、アンラの救援物資をもらい、缶詰ミルクがかかったオートミールに砂糖をたっぷり入れて山盛り食べると、体が食べ物を受けつけず、すべて吐いてしまったほど過酷な飢えをオードリーは経験していたのです。だからこそ、ものがあること、お金があることのありがたみをよく知る彼女は、女優としての成功を手に入れてからも、世界的なスターには似つかわしくない慎ましい生活を好み、また実践していました。

1983年に初来日した際には、同行していたジバンシィ・ジャポンの社長夫人の証言によると、コンパクトの中で薄く割れていた白粉《おしろい》を「まだ使えるから」と言って顔に当てていたそうです。また、家族と旅行するときは、カバンいっぱいに食料品を詰めていました。

ユーモアという強さ

オランダにはこんなことわざがあります。
「くよくよしても仕方ない。
どのみち予想したとおりにはならないのだから」
本当にそう思います。

厳しい試練の連続だったオードリーですが、そうした現実に屈することなく、ネガティブをポジティブに変えていくことが彼女の生き方であり、強みでした。息子のルカ・ドッティにいわせれば、たとえ自分が経験した戦争体験であっても、決して悲観的にならず、時にユーモアを交えて語るのが上手な人だったのです。

終戦前の最後の冬、2〜3個のカブに豆の粉で作られたパン、水っぽいスープさえあればご馳走というような日々を送り、オランダヂシャ*しか食べられないこともありました。オードリーはルカに、『風と共に去りぬ』のスカーレット・オハラの台詞「私は決して二度と飢えはしない」をもじって、「私は今後、決してオランダヂシャを食べないと誓うわ」と語ったのです。そんなユーモアが、彼女に生きる力を与えたのかもしれません。

*ヨーロッパなどで常食されているサラダ菜

93

人生の美しい一瞬を切り取る

もし明日、世界が終わるとしたら、
私は、流産や父が家を出たことの
悲しかったことではなく、
楽しかったこと、興奮したこと、
幸運だったことをすべて振り返るでしょう。
それで十分すぎるくらいです。

If my world were to cave in tomorrow,
I would look back on all the pleasures,
excitements and worthwhilenesses I have been lucky
enough to have had not the sadness,
not my miscarriages or my father leaving home,
but the joy of everything else. It will have been enough.

一度きりの人生を自分で切り開き、
幸せでいることがオードリーのモットーでした。

94

パーティー嫌いの引っ込み思案

人生はパーティーよ。
おしゃれをしましょう。

もともと引っ込み思案で、社交的ではなかったオードリーにとって、家族と友人たちだけが本当に心を許せた存在でした。そんな性格のため、にぎやかで華やかな場所というのは、実は苦手だったのです。

敏腕プロデューサーのジェリー・ウォルドの妻、コニー・ウォルドは、そんなオードリーの数少ない友人の一人でした。ハリウッドで仕事があるときには、彼女の家に泊まりで遊びにいくこともありました。そこでは度々パーティーの誘いもありましたが、本当は不安で参加するのは嫌だったのです。ところが、いざ、着飾ってパーティーに行けば、オードリーは会の中心にいて、いつもヒロインでした。それだけパーティーが苦手なオードリーの口から、「人生はパーティー」という言葉が出るのは、とても意外で、新鮮な響きがあります。

95

人生の言葉

願うこと、愛すること

私から助言できることは――
〝なりたい〟と強く願うこと。
なぜならよくいわれることですが、
愛があれば苦労が苦でなくなるのです。

ここに挙げたのは、アカデミー主演女優賞を受賞し、「あなたに憧れてスターを目指す少女たちに何かアドバイスを」とインタビューで質問されたときのオードリーの言葉です。過酷な戦時下を生き抜き、バレリーナという夢を諦めざるを得なくなるという挫折を味わいながらも、大きな成功を手にしたオードリーならではの人生の教訓が語られています。

オードリーは、映画『ローマの休日』でアカデミー主演女優賞を、舞台『オンディーヌ』でアントワネット・ペリー賞（トニー賞）を続けて受賞するという栄誉に輝きました。しかし、それで歩みを止めてしまうのではなく、あくまでも謙虚に、女優の仕事に向き合いました。オードリーは言います。「私は自分で定めた目標に向かって脇目も振らずに進む主義です」と。仕事へのひたむきな愛が、彼女に大きな成功をもたらしたのです。

96

冴えわたるユーモアのセンス

私を笑わせてくれる人を、
私は大事にしますわ。
正直なところ、
私は笑うことが何よりも好きなんだと思います。
悩ましいことがたくさんあっても、
笑うことで救われます。
それって、人間にとって
いちばん大事なことじゃないかしら。

オードリーとの思い出を語る人々は、彼女の謙虚さや慎ましさ、エレガントさとともに、チャーミングでユーモラスな性格や振る舞いについても言及しています。『パリの恋人』で監督を務めたスタンリー・ドーネンは、ラストシーンの撮影時の思い出を次のように語っています。

何週間も降り続いた雨のせいで、地面はぬかるみ、オードリーが履いていた特注の白いサテンのダンスシューズも泥で真っ黒になってしまいました。相手役のフレッド・アステアは「踊れないよ、なんとかしてくれ」と不平を言い、口論となりました。周囲に緊張が走るなか、オードリーは「私はフレッド・アステアと踊るチャンスを20年も待ち続けていたのに！　それなのに私が得たものは何？　目に入った泥よ！」とジョークを言って、その場の雰囲気を和ませたのはユーモアのセンスをもつ彼女だからこそできる技です。

生命と成長のシンボル

庭に花や木を植えることは、
明日を信じることです。

スイスのトロシュナにある自宅の庭には、オードリーが愛するさまざまな木々や花、野菜が植えられていました。息子のルカ・ドッティは「母の植物に対する情熱は我が家の敷地にあるすべての木々と花々に向けられていた」と語っています。庭の大好きな柳の木が病気になり、根から抜かざるを得なかったときには、泣きながらローマにいたルカに電話をするほどだったそうです。「花は審美的な情熱を駆り立てる存在以上のもので、母の心に深く触れた。植物は生命と成長を約束するものだった」ともルカは述べています。

がんに侵された人生の最晩年、オードリーは最後の日々を愛した庭で過ごしました。庭師のジョヴァンニ・オルネスが「お元気になったら、またお手伝いください」と言いますが、微笑を浮かべながら「心配しないで、また手伝うから。でも前みたいにはできないと思うわ」と述べたそうです。

戦争体験がもたらした慈愛の心

私の人生はその頃の記憶で形作られています。
子どもの頃にこちら側の人生を知りました。
あの苦しみと貧しさは今も心に残っています。

オードリーは、キャリアの晩年をユニセフの活動に捧げました。戦争や飢え、病気に苦しむ子どもたちに、かつての自分の姿を重ねていたのです。終戦を迎えたとき、オードリーは重度の栄養失調状態で、水腫や貧血症など、さまざまな病気にかかっていました。アンラから受け取った食糧も、食べてはすぐに吐いてしまうほどに弱りきっていたのです。戦争と飢餓の世界、それこそが、オードリーがいう「こちら側の人生」でした。

「あの苦しい時代が教えてくれたいちばん大切なことは、どんな悲惨な状況でも人は助け合えるということ。悲惨であればあるほど互いが必要になるのです」と、オードリーは語ります。かつて、飢えと病に苦しむ少女だった自分を、世界が見捨てなかったようにオードリーもまた、自分と同じように苦しむ子どもを助けることを、自らの人生の使命と考えたのでした。

純粋な動物への愛

見返りを望んではだめです。
そう、動物に対する愛情のようにね。

オードリーは、愛犬ミスター・フェイマスを交通事故で亡くしてしまいます。そのためにロサンゼルスでの生活がますます嫌いになったといいます。見かねた当時の夫メル・ファーラーは、ミスター・フェイマスによく似たヨークシャーテリアを彼女に贈りました。その犬は、アッサム・オヴ・アッサムと名付けられ、愛する家族の一員として迎えられました。

また、オードリーの愛情は別の動物にも注がれました。映画『緑の館』で共演した鹿を家に連れ帰ったのです。ピピン（愛称はイップ）と名付けられた子鹿は、買い物にまでオードリーの後を付いてくるほどに懐いていました。しかし、イップを動物園に預けざるを得なくなった際、オードリーは野生動物を飼い慣らそうとした自分の過ちに気づきました。生涯、このことに関して決して自分を許さなかったと、息子のルカ・ドッティは語っています。

100

人生の言葉

目まぐるしく過ぎる日々

生きるということは、
美術館を飛び回るようなもの。
本当に見てきたものを吸収し、
考え、記憶し始めるのは、
後になってからです。

Living is like tearing through a museum.
Not until later do you really start absorbing what you saw,
thinking about it and remembering.

多くの喜怒哀楽を味わい、
生きることを感謝していました。

101

人生の最後に見つけた真実の愛

何度も地獄を見ましたが、
そのたびに抜け出せました。
助けが来たり、何かが起きます。
ロビーとの出会いもそれです。

まさに地獄と呼ぶべき戦争を経験し、バレリーナを夢見た少女は、いつしかハリウッドを代表する大スターに成長します。しかし、私生活で二度の結婚と離婚、そして、度重なる流産も経験しています。たとえ大きな成功を得たとしても、家庭をもちたいというオードリーのいちばんの願いはなかなか叶えられることはなかったのです。

二度目の離婚という困難に見舞われたとき、オードリーを支えたのが、最後の伴侶となったロビーことロバート・ウォルダース。彼女と同じくオランダで戦時下を過ごし、愛する人を亡くした経験をもつウォルダースは、彼女のよき理解者でした。晩年にユニセフの活動に身を捧げた彼女に寄り添い、世界各国を共に訪れました。苦難続きの人生の最後に、オードリーは本当に大切な人と巡り会い、永遠の愛を手にすることができたのです。

奇跡は必然的に訪れる

私は現実主義者。
だから、奇跡を信じられるのです。

オードリーは、しばしば「私はラッキーでした」という一言で、自分の半生を表現しています。女優として作家コレットに見染められブロードウェイの舞台『ジジ』の主役に抜擢されたこと、ウィリアム・ワイラー監督に気に入られ、ハリウッドデビュー作『ローマの休日』でいきなり主役を演じ、オスカーに輝いたこと――その幸運に恵まれたとき、オードリーは決しておごることなく、自分がするべきことを果たす機会を与えられたと受け取り、自らの役割に徹しました。彼女は生涯、現実を謙虚に受け止め、努力することをやめませんでした。奇跡というものは、何もいきなり訪れるものではありません。そのようなひたむきな生き方があったからこそ、オードリーは奇跡を呼び寄せることができたのでしょう。

自制心を養い、現実に向き合える目をもてたことは、オードリーにとって大きな財産でした。

人生を生き切ること

死を前にしたとき、
みじめな気持ちで
人生を振り返らなくてはならないとしたら、
いやな出来事や逃したチャンス、
やり残したことばかりを思い出すとしたら……。
それはとても不幸なことだと思います。

浮き沈みの激しいエンターテインメントの世界において、俳優という職業は、よいときもあれば、悪いときもあります。オードリー自身、アカデミー主演女優賞に輝いた後ですら、次の仕事があるかどうかもわからなかったと不安を口にしていました。俳優として、一個人としての人生をいかに美しく締めくくるかは、往々にして困難なものなのです。

しかし、オードリーは晩年、俳優として映画に出続けることではなく、ライフワークだった慈善活動に身を捧げました。おそらく、そのような女優は当時存在しなかったことでしょう。ユニセフの活動でソマリアを訪れたのち、オードリーは体調を崩し、愛される家族に見守られながら、63年の生涯を閉じました。まさに彼女は自分に許された生涯の時間を使い切ったのです。誰にも真似することのできない、美しい人生の締めくくりでした。

ひたむきに前を向いて進む

最も重要なことは、
自分の人生を楽しむこと、
幸せを感じることです。

The most important thing is to enjoy your life
— to be happy — is all that matters.

第八章 平和の言葉

105

子どもの教育が未来をつくる

もっとも大切なのは教育です。
教育があってはじめて、
子どもたちは自分自身のため、家族のため、
そして国をつくっていく力をもてるのです。

戦争のため満足な学校教育を得られなかったオードリーでしたが、教育に熱心だった母のおかげもあり、その大切さは身をもって知っていたのでしょう。学校教育だけでなく、バレエにしても演技にしても、戦争によってオードリーはしばしば満足なレッスン、あるいは正規のレッスンを受けられなかったことが、生涯にわたるコンプレックスのひとつとなりました。

オードリーがキャリアの晩年に親善大使として、活動に身を投じたユニセフでは、子どもたちへの十分で安全な食糧の供給や病気の治療・予防、心身のケアを目指すとともに教育の重要性を掲げています。子どもたちの今を支えるだけでなく、未来を築くためには、何よりも教育が必要です。教育こそが子どもたちの未来の選択肢を増やし、新しい世界そのものをつくる鍵なのです。ユニセフの活動方針は、まさにオードリーの言葉とも符合しています。

106

世界の子どもたちの母に

子どもたちのためなら
月にも行けます。

オードリーの友人で女優のレスリー・キャロンは「彼女のキャリアは二つの章に分けられる」と語っています。前半の第一章は「望みうるすべての栄光を手に入れ」、後半の第二章では「手に入れたものをすべて還元した」というのです。まさにその言葉のとおり、オードリーは「愛を受けるだけでなく、それを与えよう」と願う人でした。「それは私が自分の子どものためにしてやりたいと願うことなのです。ならばほかの子どもたちのためにもそうしてやりたいと思うのが当然ではないでしょうか」とオードリーは述べています。

人生の晩年は仕事を引退し、スイスの自宅で庭の植物や犬に囲まれて過ごす、そんな平穏な暮らしを手放してまで、彼女の情熱は世界の子どもたちへと向けられました。ユニセフの親善大使として4年の間に、世界8カ所以上もの貧困・紛争地域を訪れ、子どもたちの窮乏を世界へ訴え続けたのです。

107

戦争から生き残った者として

戦争を経験して、
逆境に負けない強靭さが身につきました。
また、戦争が終わって
戻ってきたものの
ありがたみをつくづく感じました。
食料、自由、健康、家庭、
そして何より人の命に、
深い感謝の念を抱いたのです。

10代の頃、ナチス占領下のオランダで過ごし、過酷な戦争を生き抜いた経験を、オードリーは自らの人生の糧として生きてきました。ましてや、オードリーは占領下で、ほかの子どもたちと一緒に、幼少ながらレジスタンスの地下組織に協力していました。ハリウッドの黄金時代を支えて活躍したスターたちのなかでも、ナチス占領下のヨーロッパを生き延びた人間はオードリー以外にほとんどいないでしょう。息子のルカ・ドッティは「母はいつも戦争を背負って生きていた」と後年、語っています。

また、オードリーはしばしば、自分のような少女たちが数多くいたにもかかわらず、彼女たちではなく自分が生き残ってしまったことに、ある種の罪の意識をもっていました。そのような思いが、オードリーにこのうえない深い感謝と謙虚な精神を根づかせたのです。

新たな戦争の時代に

世界がひとつになるのが夢よ、
諦めることは許されません。

2022年2月、ロシアによるウクライナへの軍事侵攻が開始され、世界では戦争という武力行使がいまだに止みません。オードリーが経験した第二次世界大戦のように、あたかも20世紀に逆戻りしたかのような、大国の力による侵攻は、改めて世界に大きな分断をもたらしました。また、21世紀はグローバリゼーションの時代であり、人々は世界中を自由に行き来し、国家というものはもっと小さくなると考えられていましたが、世界的な新型コロナウイルスの流行もまた、人々を分断しました。オードリーがいう「世界がひとつになるという夢」は達成されるどころか、事態はもっと悪くなっているようにも思えます。

戦争とパンデミックの時代に、もしオードリーが生きていたらどう思うでしょうか。どう行動したでしょうか。改めて、私たちの胸にオードリーの言葉が重く響くのではないでしょうか。

現代に響く平和の言葉

人間のわがままが空を汚し……
動物を絶滅に追い込みました。
次は子どもたちなのでしょうか？

産業革命以降、地球の大気中の温室効果ガス量は増大の一途を辿っています。地球環境の行き過ぎた開発と汚染によって、多くの種が絶滅に瀕し、人類の存続すらも危ぶまれています。こうした皺寄せのあおりを受けるのは、大人たちではありません。未来を生きる子どもたちの世代こそ、真の被害者といえるでしょう。このような未曾有の時代において、スウェーデンのグレタ・トゥーンベリさんのように、子どもたち自らが、その窮乏を世界に訴えています。もし今、まだオードリーが生きていたなら、どう思うでしょうか。

仮に今現在、オードリーが生きていれば93歳の高齢です。そうした活動に身を捧げることは体力的に難しくても、何らかのアクションを起こしていたに違いありません。オードリーに代わり、私たち一人ひとりが世界の平和に意識を向けて、変わらなければなりません。

目にした世界の悲惨な状況

小さな子どもがおなかをすかせて、
目の前で死んでいくのです。
あんなことは耐えられません。
自分たちへの怒りで胸がいっぱいになっています。

To see small children just die in front of your eyes
because they're starving, it just is so totally unacceptable.
And I'm filled with a rage at ourselves.

ソマリアでおなかをすかせた子どもに
手を差し伸べるオードリー。

111

激戦地で暮らした日々

家が破壊されて地下室で暮らしたこともあります。
冷たいマットで寝て銃撃が収まるのを待ちました。

第二次世界大戦中、オードリーたちは、ナチス占領下のオランダ、アルンヘム郊外3マイルに位置するフェルプで暮らしていました。このフェルプを含むアルンヘム一帯は、大戦下でも激戦地として知られていました。アルンヘムにあるライン川にかかる橋を巡る攻防戦は、のちにハリウッドで『遠すぎた橋』という戦争映画の舞台にもなりました。

オードリーの母エッラは、ロンドンの寄宿学校に通わせていたオードリーを戦火から避難させるために、オランダのアルンヘムへ呼び寄せます。当時、中立国であったオランダのほうが、空爆にさらされているイギリスよりも安全だと判断したのでしょう。しかし、結果、そこはナチス・ドイツと連合軍の最も激しい戦闘が行われる場所となってしまったのです。オードリーは、激しい戦闘と隣り合わせになりながら、過酷な戦時下の日々を送っていたのです。

政府をも動かした平和への情熱

みんなに説明しているの、
力になる方法はいろいろあります。
お金だけではないです、
政府に働きかけるのも手です。

1988年にユニセフ親善大使に任命されて以降、オードリーは戦争や貧困によって苦しむ子どもたちの姿を世界に伝え、平和のために活動しました。各地に訪問した後は、必ず記者会見を行い、各国政府に呼びかけました。アメリカのジョージ・ブッシュ大統領(父)をはじめとする、各国の首脳陣との「頂上会談」を通じて、子どもたちへの支援を要請しました。

1988年、内戦で荒廃したエチオピアを訪問した後、オードリーはアメリカ連邦議会の議員たちの前でスピーチを行い、その結果、エチオピアの人々のための基金に6000万ドルの増額が決まったのです。「今私たちが行動を起こせば、何百万という子どもたちの命を救えるのです」「私たちはこの人類の苦悩を、ただ突っ立って傍観してはいられません」——オードリーはまさに子どもたちを救うために、世界に訴え続けたのです。

人道主義の役割

人道とは、人を幸福にすること、
苦しみから救うこと、
本来は政治の仕事です。
時間をかけてでも
人道的支援を政治化する代わりに、
政治を人道的に変えたいです。

オードリーは国連加盟国に宛てた声明文のなかで次のように語っています。「ユニセフは人道主義的な機関であって、慈善団体ではありません。手を出して待っている人たちに施し物を配り福祉を実施するのではなく、発展を手助けすることが仕事です」。彼女自身、終戦直後にユニセフの前身であるアンラからの支援を受け、そのときの助けがなければ、今日の自分はないという思いもあったのでしょう。

親善大使として、エチオピアを皮切りに、トルコ、中南米、南アメリカ、スーダン、バングラデシュ、ベトナム、ソマリアと精力的に訪問し、各国の現状を世界へと発信し続けました。「ハリウッドの女優がちょっと見てきたくらいで何がわかるのか」という心無い批判もありましたが、逆にそうした批判も含めて、オードリーの活動は、紛争や飢饉で苦しむ子どもたちの姿へと世界の目を注ぐ役割を果たしたのです。

アンネ・フランクへの思い

妹の人生を演じることはできませんでした。
あまりにも近すぎて、
ある意味、彼女は魂の妹でした。

ホロコーストの犠牲になったアンネ・フランクは、死後に発表された日記によって世界的に知られる悲劇の少女です。オードリーはアンネと同じ年に生まれ、同じ国で戦争の日々を過ごしました。オードリーは1929年5月に生まれ、アンネは翌6月に生まれ、同じ時代に似たような境遇にあったアンネは、オードリーにとって妹と言っても過言ではない存在であり、もしかしたらオードリーもまたアンネのように収容所で死を迎えたかもしれなかったのです。「(日記を読むことは)私自身の体験を彼女の観点から読むことに似ています。それを読むことによって私の胸は張り裂かれました」と語るオードリーは、その悲痛さのためにアンネ役のオファーを断りました。しかし後年、子どもたちのために、ユニセフのチャリティー・コンサートに出演した際には、『アンネの日記』の朗読を引き受けたのでした。

望みを待つ人たちへ

与えることは生きることです。
もしあなたが与えたいと思わなくなったら、
生きる目的はもうありません。

Giving is living. If you stop wanting to give,
there's nothing more to live for.

エチオピア訪問時、
一人でも多くの人間を救いたいと、
子どもを元気づけるオードリー。

116

子どもを救う広告塔

諦めることは許されません。
お金と時間をかけて数百万人の子どもを救わねば。

オードリーにとって、ユニセフ親善大使を務めるということは、子どもたちの現状を世界に伝え、ユニセフの活動を広める役割を担うものでした。オードリーという世界的なスターが活動のスポークスマンを務めることで、多くの人々の関心を集めたのです。

当時、世界経済の1パーセントの半分以下で世界の貧困を軽減させ、人間の基本的な欲求を満たすことができるという「開発基金のための1パーセント」というキャンペーンが実施されました。伝記作家のバリー・パリスは「オードリーはその最初にして最大のセールスウーマンだった」と記しています。

オードリーは、政治家たちに次のように語りかけました。「各国政府が福祉に莫大な予算を注ぎ込みながら、国の最大の資本であり、平和への唯一の望みである子どもたちの必要を無視するというのはどういうことですか」と。

日々の希望をもつこと

私たちが、
その後5年間も占領されることになると
知っていたら、
みんな拳銃自殺していたことでしょう。

戦時中、オードリーは母方の祖父であるアールノート・ファン・ヘームストラ男爵と同居していました。すでにファン・ヘームストラ男爵邸は、ナチス・ドイツの接収にあっていたのです。「祖父は私の生活のなかで父親代わりでした。私は祖父が大好きでした。私たちは暖房のない部屋で小さなランプのそばに座って、とても古いクロスワードパズルをやったものでした」と戦時下の、ささやかな楽しい思い出を回想しています。

しかし、そうした戦争が5年も続くとはオードリーも、また、オランダ・アルンヘムの人々も考えていませんでした。ただ毎日を生きることに精いっぱいで、「来週には、6カ月経ったら、来年こそ、戦争が終わるだろう。そんなふうに日々考えてどうにか切り抜けたのです」と語るように、一日一日に小さな希望をもつことで、過酷な戦争を生き抜いたのです。

行動にうつす哲学

私は生き方を学びました。
ただ傍観するのではなく、
世界のなかで、どうあるべきかを学びました。

オードリーの生涯を振り返るならば、ナチス占領下での生活と最晩年のユニセフ親善大使としての活動は、傍観ではなく活動をという点において、つながっているように思えます。

オードリーは占領下のオランダで、子どもながらにレジスタンス活動に協力しました。地下組織の活動資金を得るためだけでなく、戦時下の人々を勇気づけるためにバレエの舞台公演を行っています。人々のため、平和のために自分にできることはないかという使命感がオードリーを突き動かしていました。その晩年に始めた、女優業よりも優先したライフワークであるユニセフ親善大使という役目もまた、傍観するよりも行動をという彼女の哲学が生きているように思えます。

生涯、誰かに愛を与えることに徹したオードリーは、世界の紛争と貧困に対して「みんなの罪ではなくとも、責任はあると思います」と行動を呼びかけたのでした。

残された時間でできること

私たちの力が及ばないことは本当に多いです。
子どもたちに
両親を返してあげることもできません。
でも私たちは、
最も基本的な人間としての権利なら、
彼らのために取り戻すことができるのです。

1992年9月、訪問先となったソマリアで、オードリーは「想像を絶するような悲惨さ」に打ちのめされました。帰国後、「私は地獄から戻ってきたわ」と、息子のショーン・ファーラーに語っています。完全な無政府状態のソマリアでは、手当たり次第に略奪が行われ、史上最悪の干ばつによって、大人も子どもも歩くこともままならず、食事を取ることもできないほどに衰弱していたのです。オードリーはソマリアで見た悪夢に苛まれましたが、歩みを止めませんでした。

ソマリア視察後、ロンドン、ジュネーヴ、パリと次々に記者会見を行い、アメリカではテレビに多数出演して、現地の窮乏を訴えました。しかし、彼女に残された時間はわずかとなりました。オードリーは体調を崩し、検査の結果、がんが判明したのです。ソマリアへの訪問がユニセフ親善大使としての最後の旅となったのでした。

自分自身を奮い立たせる

よいことは、あなたの膝の上に
落ちてくるものではありません。
神様はとても寛大ですが、
まずあなたが自分の役割を果たすことを
期待されているのです。

Good things aren't supposed to just fall into your lap.
God is very generous,
but He expects you to do your part first.

限りある人生のなかで、
与えられた自分の役割を最後まで担っていたオードリー。

オードリー・ヘプバーン 略年表

西暦	年齢	事項
1929	0歳	・5月4日、ベルギー・ブリュッセルで生まれる。
1935	6歳	・両親がドイツでヒトラーと面会。帰国後、尊敬していた父が失踪。
1938	9歳	・両親が離婚。母、兄たちと中立国オランダのアルンヘムに移り住み、音楽舞踊学校で学ぶ。
1941	12歳	・本格的にクラシック・バレエの稽古を始め、ウィニア・マローヴァに師事。
1945	16歳	・母とアムステルダムに移り、オランダのバレエ界の第一人者ソニア・ガスケルに師事。
1948	19歳	・映画『オランダの七つの教訓』にキャビンアテンダント役で出演し、映画デビュー。
1951	22歳	・映画『若気のいたり』『素晴らしき遺産』『ラベンダー・ヒル・モブ』『若妻物語』公開。 ・ブロードウェイの舞台『ジジ』で主演。 ・映画『ローマの休日』のスクリーンテストを受け、主役に抜擢。 ・実業家ジェームズ・ハンソンと婚約(翌年、破局)。
1952	23歳	・舞台『ジジ』でシアター・ワールド・アワードを受賞。 ・映画『初恋』『モンテカルロへ行こう』公開。
1953	24歳	・映画『ローマの休日』が公開され、一躍スターに。 ・パリで、ユベール・ド・ジバンシィと顔合わせ。生涯の友人となる。
1954	25歳	・舞台『オンディーヌ』公開。 ・映画『ローマの休日』でアカデミー賞主演女優賞、英国アカデミー最優秀主演英国女優賞を受賞。 ・舞台『オンディーヌ』でトニー賞主演舞台女優賞を受賞。 ・映画『麗しのサブリナ』公開。 ・俳優、監督のメル・ファーラーと結婚。

1956　27歳　・映画『戦争と平和』公開。
1957　28歳　・映画『パリの恋人』『昼下りの情事』公開。
・夫・メルの監督作品『緑の館』公開。
1959　30歳　・映画『尼僧物語』公開。英国アカデミー賞最優秀主演英国女優賞受賞。
1960　31歳　・映画『許されざる者』公開。
・スイスのルツェルンで長男ショーン・ファーラーを出産。
1961　32歳　・映画『ティファニーで朝食を』『噂の二人』公開。
1963　34歳　・映画『シャレード』公開。英国アカデミー賞最優秀主演英国女優賞受賞。
1964　35歳　・映画『パリで一緒に』『マイ・フェア・レディ』公開。
1965　36歳　・スイスのトロシュナ＝シュール＝モルジュにファームハウスを購入。
1966　37歳　・映画『おしゃれ泥棒』公開。
1967　38歳　・映画『いつも2人で』公開、夫・メル製作の映画『暗くなるまで待って』公開。
1968　39歳　・メルと離婚。
1969　40歳　・イタリア人精神科医アンドレア・マリオ・ドッティと結婚。
1970　41歳　・スイスのローザンヌで次男ルカ・ドッティを出産。
1976　47歳　・映画『ロビンとマリアン』公開。
1979　50歳　・映画『華麗なる相続人』公開。
1981　52歳　・映画『ニューヨークの恋人たち』公開。
1982　53歳　・二番目の夫、アンドレアと離婚。

1983	54歳	・ジバンシィのブランド設立30周年イベントのために家族とともに初来日。
1987	58歳	・ユニセフのチャリティーコンサートのために来日。
1988	59歳	・ユニセフ親善大使に任命される。年間報酬は1ドル。
1989	60歳	・映画『オールウェイズ』公開。 ・ユニセフの活動のため、エルサルバドル、メキシコ、スーダン、タイ、バングラデシュなどを訪問。
1990	61歳	・ユニセフの視察旅行でベトナムを訪問。
1992	63歳	・ソマリアに訪れた際、貧困に衝撃を受け『ニューズウィーク』誌に寄稿。 ・ロサンゼルスで結腸がんの摘出手術を受けるが、ほかの器官への転移が判明。 ・ユニセフでの人道的活動の貢献に対し、アメリカ大統領自由勲章を授与。
1993		・1月20日、スイス・トロシュナの自宅にて永眠。享年63

参考文献 ほか

書籍

・『Dutch Girl: Audrey Hepburn and World War II』ロバート・マッツェン=著、ルカ・ドッティ=序文／Goodknight Books
・『Pocket AUDREY HEPBURN WISDOM』Sean Hepburn Ferrer／Hardie Grant Books
・『the audrey hepburn treasures』エレン・アーウィン、ジェシカ・Z・ダイヤモンド=共著／講談社
・『オードリー at Home 改訂版』ルカ・ドッティ、ルイージ・スピノーラ=共著、網野千代美=訳、山中マーガレット=翻訳協力／フォーインスクリーンプレイ事業部
・『オードリーのローマ プリンセスの素顔』ルドヴィカ・ダミアーニ、ルカ ドッティ=編、シャーシャ・ガンバッチーニ=解説、田丸公美子・門谷彩香=訳、倉西 幹雄=訳監修／六耀社
・『オードリー・ヘップバーン物語』上下 バリー・パリス=著、永井淳訳／集英社
・『ティファニーで朝食を』トルーマン・カポーティ=著、村上春樹=訳／新潮社

雑誌

・『CREA』文藝春秋

- 『ELLE JAPON』『25ans』 ハースト婦人画報
- 『Grazia』『週刊現代』『FRaU』 講談社
- 『non-no』集英社
- 『ＰＨＰスペシャル』ＰＨＰ研究所
- 『SCREEN』近代映画社
- 『いきいき』いきいき株式会社
- 『週刊女性自身』公文社

ドキュメンタリー映画

- 『オードリー・ヘプバーン』（２０２２） 監督＝ヘレナ・コーン
- 『華麗なる妖精オードリーヘプバーン』（２０１５）
- 『ハリウッド・コレクション： 想い出のオードリー・ヘプバーン』（１９９３） 監督＝ジーン・フェルドマン

テレビ

- ＮＨＫ ＢＳプレミアム『アナザーストーリーズ「オードリーとローマの休日～秘めた野心 貫いた思い～」』

Web

- https://www.elle.com/jp/fashion/trends/g128275/fpi-audreyhepburn-inspirational-quotes17-0504/
- https://www.vogue.co.jp/lifestyle/culture/2017-05-04
- https://www.vogue.co.jp/celebrity/celebscoop/2018-05-04
- https://www.oricon.co.jp/special/58949/
- https://kireistyle-woman.com/article/column/audreyhepburn
- https://voguegirl.jp/lifestyle/celeb/20150828/audrey-hepburn-life-lesson/
- https://www.unicef.or.jp/partner/audreyhepburn/
- https://www.cosmopolitan.com/jp/beauty-fashion/beauty/g18172148/audrey-hepburns-son-spills-the-icons-biggest-beauty-secret/?slide=2
- https://www.instyle.com/celebrity/9-quotes-prove-audrey-hepburn-had-best-outlook-style
- https://parade.com/977293/alexandra-hurtado/audrey-hepburn-quotes/

写真協力

アフロ（PictureLux ／ Inge Morath/Magnum Photos ／ Photofest ／ Globe Photos ／ Mirrorpix ／ Mondadori ／ Philippe Halsman/Magnum Photos ／ TopFoto ／ Newscom ／ Collection Christophel ／ mptvimages ／ Bud Fraker/mptvimages ／ Sanford Roth/mptvimages ／ Everett Collection ／ Shutterstock ／ BARRITT DAVID/Gamma）

文　大野 真
ブックデザイン　鈴木成一デザイン室
本文ＤＴＰ　川瀬 誠
構成・編集　小野瑛里子

監修

清藤秀人

(きよとう・ひでと)

高知県生まれ。法政大学社会学部卒業後、アパレル・メーカーを経てフリーランスの映画ライターに転身。現在、映画.com、CINEMORE、MOVIE WALKER PRESSなどの映画ウェブサイトや、TV情報誌『デジタルTVガイド』(東京ニュース通信社)にレビューを執筆。また、Yahoo!ニュース個人“清藤秀人のシネマジム”で記事を配信中。2022年7月よりSafari Onlineにてファッションコラムがスタート。ほかに、『SCREEN』(近代映画社)などの映画情報誌や劇場用パンフレットにレビューやエッセイを執筆。著書に『永遠のファッション・アイコン オードリーに学ぶおしゃれ練習帳』(近代映画社)、監修書に『オードリー・ヘプバーンという生き方』(宝島社)ほか。TVやラジオにコメンテーターとして出演。1987年にオードリー・ヘプバーンが来日した際、インタビューを行う。2019年6月、2022年6月に東京で開催された“オードリー・ヘプバーン映画祭”でナビゲーターを務める。

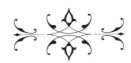

オードリー・ヘプバーン
永遠の言葉120

2023年2月28日 第1刷発行

監修 清藤秀人
発行人 蓮見清一
発行所 株式会社宝島社
〒102-8388 東京都千代田区一番町25番地
電話(営業)03-3234-4621
(編集)03-3239-0928
https://tkj.jp
印刷・製本 中央精版印刷株式会社

Printed in Japan ISBN 978-4-299-04060-2